ESOTERISCHES
WISSEN

GAYAN S. WINTER
WULFING VON ROHR

TAROT
FÜR FRAUEN

Der weibliche Weg des Schicksals

Originalausgabe

WILHELM HEYNE VERLAG
MÜNCHEN

HEYNE ESOTERISCHES WISSEN
Herausgegeben von Michael Görden
13/9660

4. Auflage

Copyright © 1995
by Wilhelm Heyne Verlag GmbH & Co. KG, München
Der Abdruck der Tarotkarten erfolgt mit
freundlicher Genehmigung der Rechteinhaber
(siehe Copyright-Vermerke)
Printed in Germany 1998
Umschlaggestaltung: Atelier Adolf Bachmann, Reischach
Umschlagillustration: Elmar Kohn, Landshut
Satz: Schaber Satz- und Datentechnik, Wels
Druck und Bindung: Ebner Ulm

ISBN 3-453-15794-X

Inhalt

Tarot für Frauen:
Intuitives Tarot

Für mich ist das Tarot ein altbewährtes Mittel und eine Hilfe, um bei Fragen eine bildliche Antwort aus allen Bewußtseinsebenen zu erlangen. Ein Reading oder eine Tarotsitzung ist ein ›Happening‹. Jede Karte spiegelt eine bestimmte Energie in uns wider, die anzusehen sich lohnt. Die Karten der großen Arcana, falls sie gezogen werden, bestimmen für mich weitgehend das gesamte Reading. Sie zeigen die Kernpunkte der inneren Veränderung sozusagen wie ein Seismograph auf.

Die Karten der großen Arcana symbolisieren die Hauptzyklen, die wir im Augenblick erleben, und zeigen uns, welchem Teil in uns wir mehr Aufmerksamkeit schenken müssen, um die eigene Entwicklung zu verstehen bzw. um uns nicht selbst im Wege zu stehen.

Das Tarot, dessen wahrer Ursprung bis heute unbekannt geblieben ist, gilt als Wegweiser und Orientierungshilfe auf unserem Weg durch das Leben und zu uns selbst. Jede Karte, die Sie in einem Reading ziehen, ist ›Zufall‹. Zufall bedeutet nichts anderes als das, was Ihnen zufällt! Damit gewinnt der Zufall seine eigentliche Bedeutung, nämlich das, was als nächstes kommt, fällt Ihnen zu.

Normalerweise ist ein Zufall etwas plötzliches, etwas, was ›aus heiterem Himmel‹ kommt, in Wirklichkeit aber gibt es keinen Zufall nach der alten Denkweise. Alles, was kommt, ist genau richtig und paßt zum jeweiligen Augenblick. Also werden Karten auch nicht ›zufällig‹ gezogen.

Sie selbst erspüren die Energie einer bestimmten Karte mit Ihrer Hand und ziehen sie, weil diese Karte mit Ihrer eigenen inneren Schwingung in diesem Augenblick übereinstimmt. Dabei gilt es, Humor zu bewahren und dem ganzen Unterfangen nicht zu tierisch ernst zu begegnen, sondern einfach locker zu sein und die eigene Intuition freizulassen.

Für den, der das Reading ›gibt‹, ist es sehr wichtig, sich innerlich so ›leer‹ wie möglich zu machen, so daß er oder sie die Auslegung nicht mit eigenen Hoffnungen oder Ängsten färbt. Ich erhalte, wenn ich eine Sitzung gebe, immer ein sehr deutliches Zeichen in meinem Körper. Ich spüre ein angenehmes Kribbeln in meinem ganzen Energiefeld, bis in meinen physischen Körper hinein. Dann weiß ich, daß ich beginnen kann und die Energie durch mich hindurchfließt.

Zuvor habe ich mich auf die Energie meines Gegenübers eingestellt und beginne, die Person auf einer feinstofflichen Ebene zu sehen und zu fühlen. Wenn ich keinen Kontakt zum Wesen des Menschen erhalte, kann ich das Reading auch nicht geben. Aber das passiert Gott sei Dank selten. Die meisten meiner Readings sind intime Kommunikationen und freundschaftliche, liebevolle Hilfestellungen für die fragende Person.

Für mich gibt es keine sogenannten negativen Karten. Die Vorstellung, daß es ›schlechte‹ Karten gäbe, hat manchen Suchenden abgeschreckt und eine gewisse irrationale Angst vor dem Tarot hervorgerufen. Das ist bedauerlich, weil das Tarot, wenn Ernsthaftigkeit sich mit Humor verbindet, wirklich die erstaunlichsten Ergebnisse bringen kann. Es zeigt auf, was für Energien und Fragen unser Unterbewußtsein bewegen und welche dieser Fragen gerade jetzt wirklich so drängend sind, daß wir eine Antwort finden müssen.

Während des Readings befinde ich mich mit meinem Klienten auf einer erhöhten Bewußtseinsebene. Das Alltagsbewußtsein wird für eine Weile ausgeschaltet, so daß wir einen klareren Blick auf die Situation des Fragenden werfen können, ohne die Umwölkung und die Identifikation mit unseren alltäglichen Gedankenschleifen.

Readings sollten auch nicht tagtäglich zur Unterhaltung stattfinden, sondern zu ganz speziellen Augenblicken, in denen wir einen sogenannten ›Realitycheck‹, eine Überprüfung unserer derzeitigen Lebenswirklichkeit, abhalten, da sich die Umstände um uns herum problematisiert haben und wir Wegweiser brauchen. Ich gebe dabei nur eine Hilfestellung, ich werde zu einer ›kosmischen Hebamme‹, aber das ›Kind‹, also Antworten und Kraft zum Neubeginn, bekommt der Klient selbst!

Ich fungiere mehr als Übersetzer der verschiedenen Energien, in eine Sprache, die verbal verständlich ist. Unser Unterbewußtsein gibt uns immer wieder Zeichen, aber wie oft hören wir darauf? Wir vertrauen mehr unserem Kopf und seiner Logik, als den Mut zu haben, uns tiefer in unsere Gesamtheit fallen zu lassen und die echten Antworten zu erspüren.

Da ich zu neunzig Prozent Readings mit Frauen mache, möchte ich hier einige sich immer wiederholende Probleme und mentale Konstellationen nennen. Frage Nummer eins ist die Suche nach einer liebevollen Partnerschaft beziehungsweise die Verbesserung der bestehenden Beziehung, in der unser Alltagstrott, Gewöhnung aneinander oder mangelnde Kommunikation die erste Liebe, lebendige Freude, natürliche Herzlichkeit und das erotische ›Knistern‹ längst überlagert oder ganz zugedeckt haben.

Gleich dicht darauf folgt die Frage der meisten Frauen: »Darf ich wirklich mein eigenes Leben leben??? Oder muß ich warten? Bis ... die Kinder erwachsen und aus dem Haus sind, ... der Ehemann verstorben ist, ... alle anderen Pflichten gegenüber Eltern, Verwandten und Freunden erfüllt sind, ... die Kasse in der Familie einigermaßen stabil ist? Wann darf ich ICH sein?«

Die Rolle der treusorgenden Ehefrau und Mutter kann letztlich keine Frau bis an ihr Lebensende erfüllen. Kinderkriegen ist nicht der allerhöchste Akt der Kreativität ... Wir tun nicht viel dazu, die Natur übernimmt die Führung. Ich sage all das, obwohl mir das viel Kritik eintragen wird. Warum versteifen sich Frauen darauf, ihr Leben und ihre persönlichen Interessen zurückzustellen? Nur um letzten Endes dann mit 60 Jahren zu merken, daß da was nicht gestimmt hat – was man nun gar nicht mehr rückgängig machen kann und was nur noch schwer ›aufzuholen‹ oder nachzuholen ist?

Und da sind noch die vielen Frauen, die keine Kinder haben wollen (aus welchen Gründen auch immer), und solche, die ihr ganzes Leben lang berufstätig sind. Und zu guter Letzt: Was ist unsere Aufgabe? Welche Vision hegen wir? Worin liegt für uns der Sinn des Lebens?

Ich habe sehr viele Klientinnen um die 40 bis 60 Jahre. Viele wollen es *jetzt* wissen und kein Blatt mehr vor den Mund nehmen. Sie wollen ihre eigene Wohnung, ihre eigene freie Arbeit und ihr eigenes Leben! Sie sind nicht gegen Männer eingestellt. Nur waren über all die Jahre die Erwartungen zu hoch, und ihre Stimme wurde oft nicht gehört. Selbst wenn sie ihre Ehegatten lieben, fühlen sie sich auf einer seelischen Ebene vom Mann unerkannt. Das ist ein tiefes Leid im Herzen jeder Frau.

Während Jungen damit aufwuchsen, für alles gelobt zu werden, wurde von den Frauen erwartet, daß sie sowieso alles richtig machen und dafür nicht auch noch Lob erwarten dürfen oder sollten.

Wir haben nicht gelernt, uns selbst so zu lieben und anzunehmen, wie wir sind! Dafür liegt uns die Opferrolle und die der Märtyrerin ganz besonders.

Und dann fragen sich die Frauen später, WER sie eigentlich sind und was sie wollen ... Die wahre Identität ist oft so verschüttet, daß sie nur von vielen Tränen freigewaschen werden kann. Auch haben Frauen oft Angst, das Alte und Sichere im Leben für eine unsichere, aber lebendige Zukunft aufzugeben. Ich rate fast allen, die mit dementsprechenden Fragen zu mir kommen, den Sprung unbedingt zu wagen, ganz gleich, was es kostet.

Denn es ist der Sprung aus einem Stillstand oder einem leblosen Zustand in ein zwar niemals voraussagbares, aber dafür wesentlich erfüllteres Dasein. In einigen Fällen muß ich erst vorsichtig emotionale Verkrustungen liebevoll aufweichen und anerzogene seelische Scheuklappen entfernen, bevor ein tieferes und ehrlicheres Verständnis Fuß fassen kann. Die erkämpfte Freiheit bleibt so lange schuldbeladen, bis wir die Courage haben, allen ›Schuldideen‹ erbarmungslos ins hinterhältige Auge zu blicken. Ist angebliche ›Schuld‹ doch der festeste Pfeiler, auf den sich unsere westlichen Religionen stützen. Ohne Schuld keine Angst, ohne Angst keine Kontrolle ... – so einfach ist die Rechnung, die man besonders uns Frauen seit Anbeginn der unglücklichen Geschichte angehängt hat!

Wir verkörperten die Verführung, sprich: Wir waren die Werkzeuge des Teufels! Gestatten Sie sich, diese Ammenmärchen ein für allemal und für immer aus Ihrem Bewußtsein zu verbannen und sich nicht selbst weiter damit zu hypnotisieren.

Fast alle Frauen, denen ich bei meinen Workshops in den USA und in Europa begegne oder die zu persönlichen Readings zu mir kommen, haben das ungute Gefühl, daß sie ihren Männern etwas ›schulden‹ – sei es Sex, Geld, Treue, Dienstbarkeit und so fort. Es spielt keine Rolle, welche Form diese sogenannte ›Schuld‹ nun annimmt, in jedem Fall ›schulden wir den Männern etwas‹. Wenn wir genau hinschauen, ist auch das eine veraltete Masche, die wir fallen lassen können, wenn wir den Mut haben, auch einmal eine gewisse Zeit ohne einen Partner zu leben.

Das Tarot kann auch ganz spezifisch Auskunft geben über das, was sich tief in uns abspielt und welche ›Brandzeichen‹ in unserer Seele noch immer Angst einflößen und unser tägliches Dasein bestimmen. Es geht nicht darum, alte Wunden wieder aufzureißen, sondern die Luft der neuen Ideen und das Wagnis der Selbständigkeit an sie heranzulassen, um sie wirklich zu heilen. Die Praxis zeigt stets aufs neue, wie wichtig es ist, die eigene Trauer nicht zu unterdrücken, sondern Tränen immer wieder zu begrüßen als die ältesten Heiler unserer Seele und unseres Herzens.

Nur wer seiner Trauer nicht den Rücken kehrt, sondern auch dieses intensive Gefühl in sich erlaubt und wie einen Feuerbrand in sich erlebt, kann später neu und unbeschwert einen neuen Anfang machen.

Und ganz gleich, welche Ablenkung wir im Leben finden: Es kommt der Tag, an dem wir in unseren eigenen Spiegel sehen müssen, wo es niemand anderen mehr gibt, der an unserer Misere ›schuld‹ sein kann, sondern wo wir erkennen müssen, daß es immer wir selbst waren, die wir suchten und auch verachteten ...

Ein liebevolles Annehmen unseres Selbst, unserer jeweiligen Situation ist der allererste Schritt zu echter Transformation. Ich bin in jedem Reading neu erstaunt, wie exakt die Tarotkarten auf die Fragen antworten und so eine Öffnung ermöglichen, die zu einem echten Durchbruch führen kann.

Für mich sind alle tieferen Probleme im Leben immer spiritueller Art. In einem Universum, das für unser Denken so unfaßbar ist, ist es kein Wunder, daß wir manchmal ›ins Schleudern‹ geraten, wenn wir nicht mehr an den Krücken der alten Überzeugungen, Denkweisen, Sitten, Gesellschaftsnormen, Verhaltensmuster, Religionsformen und Lebensstandards festhalten und uns den Sinn unseres Lebens aus vorgekauten Mosaikstücken zusammensetzen, sondern wenn wir selbst ohne Vermittler der kosmischen Kraft, dem großen Gott bzw. der Muttergöttin gegenübertreten und lernen, diese göttliche Kraft des Universums nicht mehr in menschliche Formen zu pressen, sondern zu sehen, daß sie alles durchwirkt, bis in das winzigste Sandkorn ...

In diesem Augenblick fühlen wir uns nicht mehr allein. Wir begreifen uns als Teil des Ganzen. Wenn diese Vision Wirklichkeit für uns wird, verändert sich alles. Das Tarot und besonders die großen Arcana zeigen den jeweiligen Raum auf, in dem wir im Inneren an uns, oder besser mit uns, arbeiten. Wenn zum Beispiel der TURM mit uns einstürzt oder im Tarot der Liebe der BLITZ niederfährt, dann ist das ein bedeutsames Zeichen für den inneren Zustand des Fragenden. Umstände treten im Leben von heute auf morgen ein, die uns mit einem Schlag aus unserem eigenen Gefängnis befreien können, die Blockaden auflösen und uns scheinbar ›haltlos‹ zurücklassen. In Wahrheit ist die Kraft des Turmes ein ungeheuer wichtiges Zeichen, daß unser Inneres dazu bereit ist, sich zumindest von einem Teil seiner belastenden Vergangenheit zu trennen. Höhere Energien schalten sich ein und erlauben uns nicht mehr, wie Kinder an einem alten zerlumpten Teddybären festzuhalten. Der Turm oder der Blitz zerschlägt alles, was nicht mehr zu uns oder in unser Leben gehört. Wenn wir dagegen ankämpfen, verletzen wir uns nur selbst. Ein tiefes, wirklich tiefes Loslassen ist hier die einzige Chance, diesen Hurrikan voll zu nutzen und in der neu entstandenen inneren Leere eine neue Kreativität zu erwecken. Wenn wir keinen Raum für das Neue haben oder schaffen, kommt es auch nicht. Wir bleiben dann am alten kleben wie hilflose Fliegen an einem Honigglas. Unsere mentalen Gedankenschleifen halten uns innerlich in Schach und erlauben uns auch äußerlich keinen Ausbruch aus diesem Teufelskreis. Aber wenn wir wirklich loslassen, entsteht ein Vakuum, eine Leere, die der fruchtbarste Boden für eine neue Saat ist.

Eine meiner ›Lieblingskarten‹ ist der NARR. Es ist der irrationale Aspekt in uns, der uns von einer viel tieferen Ebene, als es unser Gehirn ist, mit Energie versorgt. In einem rationalen, logisch kontrollierten mentalen Gefängnis stirbt die Seele. Unser innerstes Wesen ist weder männlich noch weiblich. Unser Körper zeigt diese Unterschiede genauso wie unsere Ego-Persönlichkeit.

Der Narr hat solche und andere Beschränkungen überwunden. Sein Wesen strahlt frei und kindlich aus ihm hinaus und beschenkt ihn mit einem unverwüstlichen Urvertrauen. Ihm gehört die Welt, er braucht sie aber dazu nicht zu besitzen! Er spielt mit allem und jedem, und wenn wir wirklich Spaß in unserem Leben haben wollen und von unserem anerzogenen Leiden die Nase voll haben, ist der Narr unser bester Lehrer und Freund!

Er trägt keine Maske mehr, er hat keine ›Persona‹ – ein Wort aus der griechischen Sprache, das Maske bedeutet. Er ist, wer er ist, er hat kein Imageproblem. Der Volksmund hat den Narren so gekennzeichnet: »Ist der Ruf erst ruiniert, lebt sich's völlig ungeniert!«

Die tiefe Weisheit dahinter ist klar. Wir können es nicht allen Menschen recht machen, oft nicht einmal denen, die uns am nächsten stehen. Und deshalb sind wir ja auch nicht auf diese Welt gekommen.

Der Narr braucht es keinem mehr recht zu machen, er lebt im Hier und Jetzt und plant nicht viel für morgen, es ist ihm gleich, was die anderen Menschen über ihn denken, sein Selbstbewußtsein ist integriert. Damit hat er zumindest auf unserer weltlichen Ebene eine gewisse innere Freiheit gewonnen. Deshalb kann er wieder spielen, deshalb lebt er in seiner angeborenen Unschuld und hat wieder die reinen Augen eines Kindes.

Erkennen auch Sie diesen Aspekt in sich und vertrauen Sie mehr auf ihn, wenn Sie bemerken, wie Sie sich meist zu sehr mit Situationen oder Menschen identifizieren. Lassen Sie einen gewissen Abstand entstehen, indem Sie sich, ohne etwas zu tun, von den sich wiederholenden Gedankenschleifen lösen. Beobachten Sie, was Sie denken, und sehen Sie, wie Sie sich gedanklich verbeißen und sich Ihre Optionen damit verringern.

Der Narr hat den Mut, neu zu denken, neue Gedanken zu haben und sie auch wieder gehen zu lassen. Er hält an nichts fest, er genießt dafür in vollen Zügen.

Eine der Karten, denen die Menschen fast immer mit einem gewissen Mißtrauen begegnen, ist die Karte des TEUFELS oder im Tarot der Liebe die VERSTRICKUNG. Der Teufel flößt auch hier Furcht ein. Dabei symbolisiert dieser Unglücksengel nur unsere weltlichen Verstrickungen und Verhaftungen. Wir können ihn getrost als Freund annehmen, will er doch nichts Böses, sondern nur daran erinnern, daß wir alle auf dieser Welt nur Durchreisende sind, daß wir mit leeren Händen in unser Leben kommen und ebenso mit leeren Händen wieder Abschied nehmen müssen. Es lohnt sich also nicht, sich an die Materie oder auch an menschliche Wesen zu klammern. Wir sind alle auf unserem individuellen Weg durch unsere Existenz auf diesem Planeten.

Das Tarot kann uns als wichtiger Wegweiser dienen und uns die Bestätigung geben, daß wir fähig sind, mit unserem Unterbewußtsein Kontakt aufzunehmen, und es kann Kommunikation in Form von Bildern ermöglichen. Wir sehen, wo in diesem Moment in unserer inneren Arbeit der Fokus ist. Das Tarot ist eine Bestätigung von außen und innen, daß wir intuitiv richtig liegen, und es weist auf die Stellen hin, die mehr Aufmerksamkeit, Zuwendung und Bewußtheit brauchen.

Das Ziehen einer oder mehrerer Karten sollte immer in einer ruhigen Atmosphäre stattfinden, am besten allein, wenn es sich um etwas handelt, das nur Sie etwas angeht. Dann ist Ihre Aufmerksamkeit nicht durch andere Personen geteilt, und Sie können sich in Ruhe auf das Ziehen der Karten konzentrieren. Es gibt keine richtige oder falsche Art, die Karten zu ziehen. Folgen Sie Ihrem Gefühl und lassen Sie Ihre Hände die Karten ziehen.

Schließen Sie einen Moment die Augen und werden Sie innerlich ganz still. Sie können die Karten mit offenen oder mit geschlossenen Augen ziehen, und zwar mit der linken Hand, der passiven, weiblichen Hand, welche Energien aufnimmt. Seien Sie klar in der Fragestellung, zum Beispiel so:

- Welche Energien sind im Augenblick für meine innere (oder äußere) Arbeit wichtig?
- Wo stehe ich in meinem Leben?
- Was gebe ich meinem Partner oder meiner Partnerin?

Sobald Sie eine Beziehung zu ›Ihren‹ Karten entwickelt haben, erspüren Sie deren jeweilige Deutung und Bedeutung sehr deutlich. Aber bitte etwas Geduld! Auch das passiert nicht über Nacht. Freunden Sie sich mit ›Ihrem‹ Tarotdeck an, studieren Sie die Karten, erspüren Sie die Energien, die diese Karten symbolisieren, und behalten Sie Ihren Humor, wenn Sie ›schwierige‹ Karten ziehen!

Jeder Mensch durchlebt verschiedene Zyklen in seinem Leben, und alle Lernprozesse sind positiv, denn sie bringen uns immer einen Schritt näher zu unserem Punkt des Erwachens. Erst wenn wir voll präsent sind und nicht mehr in den fernen Dimensionen unserer Vergangenheit weilen, um den vielleicht schmerzlichen Erfahrungen in der Gegenwart zu entgehen, können wir einfach in unserem SEIN entspannen.

Dann identifizieren wir uns nicht so stark wie vorher mit all den Aufs und Abs, mit all den Erfolgen und Mißerfolgen in unserem Leben, sondern halten eine gesunde innere Balance, einen klaren Abstand zu allen äußeren Phänomenen. Wir erkennen, daß es meist unsere Egowünsche sind, die uns von uns selbst wegführen, und daß wir häufig Erfüllung in solch problematischen Situationen erwarten, deren wahre Natur nur enttäuschend sein kann.

Es ist hilfreicher zu sehen, daß wir nicht alles kontrollieren und manipulieren brauchen oder können. Das braucht Geduld und Vertrauen – dann erlangen wir den Vorgeschmack echter innerer Freiheit.

Das Tarot kann uns versichern und bestätigen, in welcher Phase unseres Erwachens wir uns in dem jeweiligen Augenblick befinden. Wenn wir total offen sind und keine unnötigen Vorurteile hegen, spiegelt uns das Tarot ganz klar unsere inneren Verhältnisse wider. Es zeigt, auf welchem Weg wir unsere Arbeit mit uns selbst voranbringen können, *ohne auf ein Ziel in der Zukunft* ausgerichtet zu sein.

Das heißt nicht, daß wir nicht auch planen müssen und daß unser Alltag nicht einer gewissen Struktur unterworfen wäre. Solange wir unseren Körper haben und auf der physischen Ebene existieren, sind wir in Strukturen eingebunden.

Aber wir alle haben die Wahl, diese Struktur als Drama oder als Komödie oder aber als faden Alltag zu erleben. Je wacher wir sind und werden, desto lebendiger sind wir und desto fließender und harmonischer empfinden wir die Bewegung des Lebens um uns herum.

Ich schreibe diese Zeilen in der Silvesternacht in Santa Fe, hoch oben auf dem ›Overlook-Mountain‹ über der Stadt, auf 2800 Meter Höhe. Draußen auf dem Felsen, gleich vor den riesigen Fenstern, steht der Coyote, der seit Wochen jeden Abend zu Besuch kommt, und schaut zu mir hinein, während ich mit zwei Fingern in meine Maschine tippe. Ein Zeichen aus der Wildnis der Natur. Er hat keine Angst, er steht unbeweglich als dunkle Silhouette gegen das glühende Rot der sinkenden Sonne. Die Luft ist still auf dem Berg, keine Nadel der uralten Ponderosa-Pines bewegt sich: vor meinen Augen der Coyote und die unendliche Weite des Rio Grande-Tales und Galisteo-Basins. Ich bin immer wieder dankbar, daß mir das Leben einen so wundervollen Platz gegeben hat. Eine gute Weile noch werde ich hier sein, im Herzen des Südwestens, und die Magie der Erde spüren dürfen.

Wir alle finden unseren Platz, können den Raum kreieren, um unserer Kreativität Ausdruck verleihen. Wenn wir uns von Augenblick zu Augenblick entspannen und in das Hier und Jetzt fallen lassen, warten große Überraschungen auf uns. Wir sinken in unsere Mitte und erfahren unsere tiefe Verbindung mit allem, was um uns ist, mit allem, was ist. In uns erwacht eine eigene Wahrheit, die uns ein befreiendes Gefühl der tiefen Geborgenheit vermitteln kann, wenn wir den Mut haben, zu unserem Urvertrauen zurückzufinden und uns selbst anzunehmen, so, wie wir in diesem Moment sind, in all unserer Fehlbarkeit, in all unserer Menschlichkeit, nicht perfekt und vielleicht noch unfähig, das Leben ohne Bedingungen zu lieben. Erst durch diese tiefe Selbstannahme können wir beginnen, uns wirklich Partnern und Mitmenschen zu öffnen, uns mitzuteilen und echte Herzensverbindungen zu entwickeln.

Ich wünsche Ihnen beim Lesen dieses Buchs ganz viel Spaß und Freude und die Neugier, selbst mit dem Tarot zu spielen und neue Wege zu finden, neue Optionen zu sehen und auszuprobieren, die Wiedererinnerung zu spüren an unser gemeinsames Dasein auf diesem Planeten, der unsere wahre Mutter ist... Erinnern Sie sich an Ihre wahren Aufgaben im Leben oder finden Sie sie, übernehmen Sie die Verantwortung für sich selbst, ein erfüllendes und frohes Leben anzustreben. Wir haben tatsächlich die Wahl und damit die Qual der Wahl. Natürlich darf jeder wählen, was und wie er will, sonst wäre das ganze Spiel ja arg langweilig, und ich als gute Löwin habe auch meine Portion Drama mit auf diese Erde gebracht und lerne ebenso wie alle anderen Frauen, meinen Platz zu finden, meine mitgebrachten und neu entfalteten Fähigkeiten mit anderen zu teilen.

Die großen Arcana:
22 Seelenbilder

Die Karten der großen Arcana sind Wegweiser zum Lebenssinn zwischen Schicksal und Zufall, zwischen Karma und Freiheit. Es sind Sinnbilder unserer Ideale, Hoffnungen und Möglichkeiten. Diese Karten zeigen Chancen, Aufgaben und Herausforderungen an, sie weisen auf die ›große Linie‹ in unserem Leben hin, die im Fragezeitraum gilt. Dieser Zeitraum umfaßt persönlich unterschiedlich zwischen einigen Tagen bis zu einigen Wochen, manchmal einige Monate. Die Seelenbilder des Tarots sind Archetypen unserer Entwicklung und Entfaltung, die Qualitäten und Prinzipien, Stationen und Kräfte in unserem Leben darstellen.

DER MAGIER ist der Archetyp des Zauberers,
des ›Tricksters‹ und einer jungen männlichen Energie.
Selbstvertrauen, forschendes Interesse, Kreativität
und Wagemut sind Schlüsselworte für diese Karte. Ein
Mensch (es muß nicht ein Mann sein, denn die
Karten der großen Arcana bezeichnen archetypische
Kräfte und nicht konkrete Personen) hantiert
und experimentiert mit Kräften aller Art. Er probiert
aus, was Gedanken und Gefühle, Intuition und Verstand,
Geist und Materie allein und zusammen alles
bewirken können.

1 DER MAGIER
Stichworte zur Interpretation

Astrologische Entsprechung
Widder, das erste Zeichen des Tierkreises, der Beginn des Zyklus: Enthusiasmus, Pioniergeist und Einsatzfreude mit leichter Tendenz zu Selbstüberschätzung und Ungeduld.

Numerologische Bedeutung
Die Zahl 1 sagt es schon: Hier geht es um Anfang und Aufbruch, um jemanden, der es wissen will und seine persönlichen Kräfte ins Spiel bringt.

Chance und Aufgabe
Entdecken Sie Ihre eigenen Kräfte, probieren Sie unbekannte Energien aus, machen Sie einen neuen Anfang. Bleiben Sie dabei jedoch in Ihrer Mitte und überstürzen Sie nichts.

Liebe und Partnerschaft
Lassen Sie alte Vorbehalte los und genießen Sie die Liebe, wenn sie zu Ihnen kommt. Jetzt können Sie entweder feurige Leidenschaften entfachen – oder Sie müssen sich vor Manipulationen hüten – eigenen oder fremden.

Lebensfreude und Kreativität
Nutzen Sie alle schöpferischen Impulse, um zu malen, zu töpfern, zu musizieren, zu schreiben ... Gehen Sie aus, treffen Sie andere Menschen, besuchen Sie Kurse zur Persönlichkeitsentfaltung.

Geld und Beruf
Vertrauen Sie Ihren Fähigkeiten, versuchen Sie, neue Wege zu gehen: Jetzt bietet das Leben große Chancen. Sie verfügen über Möglichkeiten, die Sie erst noch richtig schätzen und anzuwenden lernen müssen.

Urlaub und Reisen
Fahren Sie dorthin, wo Sie noch nie waren. Probieren Sie eine Sportart aus, die Sie nicht kennen.

Wenn der Magier
zaubert...

Wenn sich der Magier in Ihr Tarot-Reading zaubert, beginnen Sie sich lebendiger und jünger zu fühlen. Ihre männlichen Kräfte regen sich, und es drängt Sie zur Tat. Nach meinen langjährigen Erfahrungen mit Menschen tritt diese Karte häufig bei Legungen von Frauen über 40 auf. Seltsamer Zufall oder wirklicher Zu-fall? Nach unserem 40. Jahr treten die meisten Frauen (und auch Männer) in einen Zustand der inneren und auch oft äußeren Krise ein. Wir sind in der Mitte unseres Lebens angelangt, und wie bitte soll es weitergehen?

Der Magier ist imstande, uns einen Weg zu öffnen. Er bewegt uns zum Experimentieren, er fordert uns dazu auf, unsere wildesten Träume wahr werden zu lassen! Ja, färben Sie sich Ihr Haar, wenn Sie sich damit besser fühlen, buchen Sie eine Abenteuerreise in den Dschungel, beginnen Sie eine neue Karriere, probieren Sie das, was Ihnen früher nie schmeckte, gönnen Sie sich einen jüngeren Liebhaber, kleiden Sie sich sexy...

Der Magier spielt, experimentiert, jongliert, er will wissen, wie das Leben funktioniert. Geben Sie sich Ihrer männlichen Kraft hin! Erleben Sie die überschäumenden Wellen einer ungezügelten Leidenschaft. Fühlen Sie Ihre Zellen jünger werden und wie Sie mit Mut und neuem Elan an Dinge herangehen, von denen Sie vor einiger Zeit nur geträumt hätten. Leben Sie die Kraft, die in Ihnen wiedererwacht ist.

Nutzen Sie den Zauberstab Ihrer Intuition und manifestieren Sie die Dinge in Ihrem Leben, die wirklich zu Ihnen gehören. Lassen Sie Ihre innere Kreativität eine Stimme finden und beginnen Sie eine neue Arbeit oder Sache, ohne sich vorher selbst abzuurteilen.

Der Magier fordert Sie heraus, all das zu sein, was Sie bereits sind! Auf der Welle Ihrer sich kreativ manifestierenden Energien erleben Sie sich innerlich freier, mutiger und vertrauender als zuvor. Lassen Sie sich auf den Magier in Ihnen ein. Er wird Sie in ungeahnte Höhen führen und sich nicht frustrieren lassen, wenn eine grandios erscheinende Sache mal nicht sofort klappt. Mit frischem Elan beginnen Sie von neuem, immer darauf bedacht, Ihre Energien zwar voll fließen zu lassen, aber trotz der oft ungestümen Energien, die hervorbrechen können, so locker zu bleiben, daß äußerer ›Mißerfolg‹ seinen schmerzlichen Stachel verliert.

Der Magier spielt, er findet Freude und Erfüllung im Spiel. Er ist nicht zielgerichtet. Er lebt im Augenblick und fühlt sich somit streßfrei. Er ist nicht getrieben und treibt niemanden. Er ist das kosmische Spiel, welches ein wenig zu beherrschen sich durchaus lohnt. Folgen Sie ihm in eine zweite Jugend!

Die HOHEPRIESTERIN ist das Pendant zum Magier.
Während dieser seine Kräfte jedoch öffentlich sichtbar
ausprobiert und demonstriert, wirkt die Hohepriesterin mehr im Verborgenen und zeigt ihre Errun-
genschaften nicht ohne weiteres vor. Sie läßt
sich auf den geheimnisvollen Prozeß der
Transformation kosmischer Kräfte aus der Leere
des Alls, aus dem Nichts des vermeintlichen Chaos
ein und dringt tief in das Mysterium ein,
das aus dem Formlosen und Zeitlosen eine greifbare
Welt der Dinge mit Gestalt und Zeitlichkeit
entstehen läßt.

2 Die Hohepriesterin
Stichworte zur Interpretation

Astrologische Entsprechung
Das Zeichen Jungfrau mit seiner Klarheit, Unterscheidungs-
fähigkeit und Reinheit entspricht dieser Tarotkarte. Wie die
Jungfrau ist die Hohepriesterin überlegt, wodurch sie manchmal auch ›kühl‹ wirkt. Sie weiß sich von hohen Idealen getragen.

Numerologische Bedeutung
Die Zahl 2 birgt das Geheimnis der Begegnung, den Spiegel, in
dem das Eine sich – zu seiner Freude, Überraschung oder seinem
Entsetzen – reflektiert sieht. Aus dem Ausdruck des schöpferischen Willens ergibt sich Formbildung und daraus ›Begegnung‹
mit sich selbst.

Chance und Aufgabe
Sie sind in vielem anderen Menschen überlegen, sollten sich
indes vor der Versuchung zur Manipulation hüten bzw. darauf
achten, nicht selbst manipuliert zu werden.

Liebe und Partnerschaft
Stehen Sie Ihre Frau, Sie haben viel zu geben. Werfen Sie Ihre
›Perlen nicht vor die Säue‹, bleiben Sie besser eine Zeitlang allein. Wer Ihre seelische Tiefe nicht erkennt, ist nicht der richtige Partner für Sie.

Lebensfreude und Kreativität
Vertiefen Sie sich in Ihre intuitiven Einsichten, lassen Sie diese
erst innerlich aufblühen, bevor Sie ihnen eine äußere Form zu
geben suchen.

Geld und Beruf
Sie haben es in der Hand, selbständiger zu werden, auch wenn
das einigen Menschen in Ihrer Umgebung nicht gefallen mag.
Lassen Sie sich nicht bremsen, wenn Sie sich Ihrer Sache sicher
sind.

Urlaub und Reisen
Diskobesuch oder fauler Strandurlaub sind nicht angesagt, lie-
ber eine ›magische Reise‹ an Orte der Kraft und zu mythischen
Kulturen.

Wenn die Hohepriesterin
Ihre Seele ruft ...

Wenn die Hohepriesterin jetzt Ihre Seele ruft, ist es an der Zeit, sich vom äußeren Leben zum inneren zu bewegen. Introspektion, Innenschau, liegt jetzt an. Die weise Frau in Ihnen will, daß Sie aus den Träumen Ihrer Persönlichkeit erwachen.

Sie symbolisiert Ihre Anima, Ihre innerste spirituelle Weiblichkeit, Ihre Seele, Ihre Essenz, den Teil in Ihnen, der ›weiß‹. Dieser Teil braucht an nichts zu glauben, er weiß. Er weiß, daß Sie göttliche Energien in sich tragen, die immer da waren und immer da sein werden.

Es gilt, dem inneren Pfad der weisen Frau zu folgen. Die Priesterin ist wie eine geistige Schwester, die als göttliche Hebamme fungiert. Sie ist fern jeder Persönlichkeit, sie symbolisiert reines Sein in weiblicher Form. Hinter ihrem Schleier verbergen sich Geheimnisse, die sie mit Ihnen teilen will. Dazu können Sie die Gabe des Zuhörens entwickeln, so daß Sie fähig sind, die Stimme Ihrer Anima zu vernehmen. Sie ist gekommen, um Sie bei Ihrer inneren Initiation zu begleiten. Sie ist der geistige Helfer, auf den wir hören und dem wir vertrauen können.

Die Hohepriesterin regt uns auch dazu an, alten seelischen Ballast endlich abzulegen und auf leichterem Fuß weiterzugehen. Sie symbolisiert platonische Liebe und auch die Verschmelzung der Energiekörper, wenn es sich um ein Paar handelt.

Die Hohepriesterin enthebt Sie für diesen Augenblick aller weltlicher Rollen und zeigt Ihnen den Spiegel einer möglichen spirituellen Entwicklung in Ihrem Leben. Sie erinnert an die Unsterblichkeit, an das weibliche geistige Element, sie lehrt echte Intuition und Hellsicht, sie erweitert Ihr Bewußtsein durch ein tiefes inneres Loslassen von alten Gedankenmustern, die Sie fortwährend belasten.

Sie bewirkt mit zarter Hand die tiefsten Wandlungen geistiger Art. Sie lassen veraltete Werte und innere Haltungen los, die schon seit langem fehl am Platz sind und die Sie in Ihrem Umgang mit anderen Menschen nur noch einengen und behindern.

Die Möglichkeit, zumindest zeitweise der Materie zu entkommen, wird zur Wirklichkeit. Sie erkennen mit Hilfe der Hohepriesterin, daß all Ihre Rollen im Leben selbst gewählt sind und daß Sie die Kraft, das Vermögen und das Recht haben, diese Rollen jederzeit zu verändern oder total abzulegen.

Sie sind mehr als Mutter oder Hausfrau oder Sexobjekt, mehr als Verwaltungsangestellte oder Geschäftsleiterin oder Managerin, Sie sind mehr als Geliebte oder verstoßenes Opferlamm!

Sie sind weit mehr als nur Frau oder Mann. Sie sind in Ihrer Essenz das geistige Wesen, welches Ihnen die Hohepriesterin meisterhaft widerspiegelt! Nutzen Sie diese Chance!

Die Urmutter oder Kaiserin ist der Inbegriff
überschäumender schöpferischer Kräfte, liebevoller
Herzensgüte und mütterlich-schützender
Qualitäten. Dem Leben zugewandt, bringt sie die Vielfalt
der Lebensformen hervor und nährt sie.
Dabei ist sie sich ihrer selbst gewiß und handelt souverän.
Sie ist die in der Welt engagierte Schwester der
Hohepriesterin. Die Urmutter bzw. Kaiserin erfüllt
das Leben mit Wärme.

3 DIE KAISERIN
Stichworte zur Interpretation

Astrologische Entsprechung
Die lebensspendende mütterliche Kraft, die natürliche Sinnlichkeit, aber auch die manchmal übersensible und eigenwillige Natur des Tierkreiszeichens Krebs steht für die Kaiserin.

Numerologische Bedeutung
Die Zahl 3 weist auf das Resultat der Begegnung hin, auf etwas Neues, das entsteht, wenn zwei Menschen, Faktoren oder Situationen zusammenkommen. Hier wird Kreativität numerologisch angezeigt.

Chance und Aufgabe
Sie können ein liebevolles Zuhause schaffen, und – noch wichtiger – Ihr eigenes Potential und das Ihnen anvertrauter Menschen wirkungsvoll fördern. Vermeiden Sie jedoch den Eindruck der alles umsorgenden, aber auch erdrückenden ›Mutterglucke‹.

Liebe und Partnerschaft
Eine warme und weiche Energie, welche die erotischen Freuden des Diesseits auf das schönste zu genießen weiß. Nicht einfach, einen entsprechenden Partner dafür zu finden, der zugleich stark und doch nicht herrschsüchtig ist.

Lebensfreude und Kreativität
Sie sollten Ihre Gabe, die positiven Seiten des Lebens zu sehen und Lebensglück zu entfalten, ganz gezielt im Alltag anwenden.

Geld und Beruf
Sie schaffen es, etwas zu schaffen! Nutzen Sie Ihre Gaben, Werte aller Art – geistige und materielle – zu finden, zu entwickeln und sinnvoll zu nutzen. Grundbesitz und Immobilien sind angesagt.

Urlaub und Reisen
Sonne und Meer, Bergwandern und Jogging – alles, was Sie in der freien unverbrauchten Natur machen können, kommt Ihnen zugute.

Wenn die Urmutter
Ihre Kreativität entfaltet ...

Die Kaiserin oder Urmutter will ihre erdige Kraft und Fülle mit Ihnen teilen und Sie zu frischer Kreativität anspornen! Sie dürfen Fülle im Leben genießen und aus dem vollen schöpfen. Während vor einigen Jahrhunderten oder sogar Jahrzehnten die Urmutter noch zu reichlichem Kindersegen geführt hätte, kann man heute von bewußt lebenden Frauen diese Art der Kreativität nicht mehr so einfach verlangen. Und obwohl die Kaiserin der Inbegriff des manifestierten Lebens ist, so muß sie heute ihre Schöpferkraft bewußter einsetzen als zuvor. Mit anderen Worten: Wenn kinderlose Frauen plötzlich um das vierzigste Jahr die Panik kriegen und nun unbedingt ihre vorgeschriebene Rolle als Fortpflanzerin wahrnehmen wollen (um einem sonst ›leeren‹ Leben doch noch einen ›Sinn‹ zu geben), dann rate ich dringend von so einer Schwangerschaft ab!

Ihre Motive dazu müssen total klar sein! Sie dürfen sich nicht dazu hinreißen lassen, ›es dem Kinde zuliebe zu tun‹. Wer sind die, welche wissen wollen, ob es recht ist für dieses Kind, auf die Welt zu kommen? Falls das Sie betrifft, sollten Sie zumindest zugeben, daß Sie das Kind brauchen, um innere Leere zu vermeiden. Eine harte Wahrheit, prüfen Sie also genau.

Es gibt andere Möglichkeiten, kreativ zu sein. Ein Kind allein hat noch selten das Leben einer Frau befriedigt und erfüllt. Werden Sie die Dichterin, die in Ihnen steckt! Vertrauen Sie Ihrer eigenen Stimme, lassen Sie sich in Ihre eigene Kreativität fallen, beurteilen Sie sich nicht. Wenn Sie wollen, können Sie hier auf Erden das Paradies erleben. Es beginnt oft in kleinen Dingen, die Ihnen Freude bereiten, Sie innerlich erfüllen, und nicht unbedingt mit großen Projekten, die sich Ihr Ego ausdenkt. Erkennen Sie die Schönheit des Einfachen, lassen Sie Ihren Körper die Erde fühlen, werden Sie weich, sinnlich, geben Sie sich hin. Seien Sie besonders gut zu sich selbst, gönnen Sie sich etwas schon lang Erhofftes.

Jeder Akt ist kreativ, solange Sie total in der Gegenwart sind und nicht in Ihren Gedanken in die Vergangenheit oder Zukunft abschweifen. Seien Sie präsent, wenn die Urmutter Ihnen zulacht!

Gebären Sie sich selbst, erkennen Sie, daß Sie gar niemand anders als Sie selbst jemals sein können! Daß alles seine Ordnung hat und jedes Chaos letztlich das Feld für einen Schöpfungsakt ist. Sie sind die Schöpferin Ihrer eigenen Welt, nehmen Sie diese Verantwortung mit Freude an.

Sie spüren eine lebensspendende Kraft, die aus Ihnen strömt und auch andere Menschen heilsam berührt. Lassen Sie die Urmutter in Ihnen ihre Kräfte voll entfalten und Ihnen damit den Schlüssel zum irdischen Glück schenken. Nur im Wandel und der ›Unsicherheit‹ liegt echte Sicherheit. Geben wir uns dem Strom des Lebens voll hin und erfahren, was wahre Glückseligkeit bedeutet, die nicht von außen, sondern von innen kommt!

Der HERRSCHER

Der Kaiser

DER URVATER oder KAISER ist Symbol der männlichen
Form von Souveränität und Weltbeherrschung.
Er steht für eine klare Ordnung der Dinge und achtet
mit Gerechtigkeitssinn und Güte, aber auch
voller Klarheit und Strenge darauf, daß diese Ordnung
eingehalten wird. Der Urvater erfüllt seine Aufgabe
in der Überzeugung, Stellvertreter einer höheren Macht
zu sein, in deren Auftrag er sich darum kümmert,
daß möglichst alle Menschen Lebensraum und Lebens-
grundlagen, Schutz und Fürsorge erhalten.

4 DER KAISER
Stichworte zur Interpretation

Astrologische Entsprechung
Das Zeichen Löwe entspricht der vierten Karte der großen Arcana. Großzügigkeit und Recht für Schwache, mutiger Einsatz für Ideale und Freude an weltlicher Machtentfaltung sind wichtige Merkmale.

Numerologische Bedeutung
Die Zahl 4 weist auf Festigkeit und Struktur hin. Sie bestimmt den rechten Winkel, den wir in den meisten Gebäuden als Halt für Spannung verwenden. Sie kann aber auch Starrheit bedeuten.

Chance und Aufgabe
Erkennen Sie, wieviel Sicherheit, Ordnung und Festigkeit notwendig ist und ab wann Sie sich davon erdrückt fühlen würden.

Liebe und Partnerschaft
Wer von uns möchte sich nicht gern an eine starke Schulter anlehnen, solange daraus keine emotionale Gefangenschaft wird? Notfalls müssen Sie Ihre eigenen männlichen Energien stärker entwickeln.

Lebensfreude und Kreativität
Geben Sie Ihren intuitiven Impulsen eine klare Form, üben Sie schöpferische Disziplin: Dann kann etwas entstehen, was auch außen sichtbar und erlebbar wird.

Geld und Beruf
Der Urvater bzw. der Kaiser ist ein Archetyp der materiellen Fülle und der Souveränität im Umgang damit. Sorgen Sie vom ›Selbstverständlichkeitsstandpunkt‹ aus dafür, daß Ihre materielle Basis sicher ist und bleibt – das gibt Ihnen den nötigen Spielraum, um sich kreativ zu entfalten.

Urlaub und Reisen
Fahren Sie dorthin, wo Ihr Herz aufblüht, wo die Sonne strahlt, wo das Leben pulst. Einsame Ferienziele würden Sie nur deprimieren.

Wenn der Kaiser Hilfe anbietet ...

Wenn Ihnen der Kaiser oder Urvater durch die Tarotkarten seine Hilfe anbietet, greifen Sie zu! Er meint es gut, er ist tatsächlich für andere Menschen da und steht ihnen mit Rat und vor allem Tat beiseite. Er ist der Beschützer, das gebende männliche Prinzip. Er beherrscht die Materie und hilft denen, die in Not sind.

Lassen Sie sich einmal wieder wirklich von einem Mann verwöhnen! Das gilt besonders für sehr selbständige Frauen, wie mich auch, die damit Schwierigkeiten haben, daß man nichts kontrollieren kann, wenn man die Rolle der Empfangenden spielt. Durch seine liebevolle Energie und Güte ermuntert uns der Urvater, die Barrikaden der falschen Weiblichkeit aufzugeben und in die lieblichen Täler der Geborgenheit und väterlichen Gunst zurückzukehren, auch wenn es nur für eine kurze Zeit ist.

Nehmen Sie den Rat eines guten Freundes in Ihrem Leben an. Jemand gibt Ihnen Hilfestellung. Ein Geschäftspartner zeigt sich von der großzügigsten Seite. Harmonische Schwingungen am Arbeitsplatz mit reifen männlichen Kollegen.

Zu dieser Karte gehört auch erwachsene Liebe, die wie von selbst in Ihrem Leben zu reifen beginnt. Sie beginnen tiefer als nur auf die Oberfläche zu sehen, Sie erkennen, daß Weisheit, Güte und Humor zu den wichtigsten Komponenten Ihres Daseins gehören und daß Liebe ohne das Gefühl der Geborgenheit nicht wachsen kann. Der Urvater symbolisiert den Wesenskern der beschützenden und helfenden männlichen Stärke.

Er ist der Patriarch in seiner liebenswertesten Form, der auch als Ausdruck des inneren Mannes verstanden werden kann, wenn eine Frau, um es ganz direkt zu sagen, endlich mit Ihrer männlichen Seite in sich Frieden schließen soll. Sie kann und muß für sich Verantwortung übernehmen und auch den männlichen Aspekt in sich anerkennen und sich von ihm helfen lassen.

Hier spielt ausgereifte, gütige Männlichkeit, die stark ist, ohne gewalttätig zu sein, eine Rolle. Hier geht es um echte Kraft, die, wenn sie in die rechten Hände fällt, viel Gutes tun kann. Nehmen Sie den Urvater in sich an, nehmen Sie ihn in sich auf und erkennen Sie, wie wichtig gerade dieser Aspekt, den er verkörpert, im Augenblick für Sie sein kann.

Besonders für ›starke‹ Frauen kann die Integration dieses Aspektes zu noch erfüllterer Harmonie führen, da die väterlich-männliche Rolle im Inneren nicht mehr bekämpft und abgelehnt, sondern liebevoll akzeptiert und damit integriert wird.

Der Urvater ist das Gegenstück zur Urmutter, die wir alle als Archetypen in uns tragen. Nehmen wir die Sicherheit und Weltgewandtheit des Urvaters als Geschenk in unser Leben auf!

Der HIEROPHANT

] Der Hohepriester 8

Die fünfte Karte der großen Arcana wird manchmal PAPST,
dann wieder DER HOHEPRIESTER oder im Tarot
der Liebe MEISTER genannt. Die meisten Tarotdecks
verbinden damit eine dogmatisch-religiöse
Figur, die ex cathedra den (angeblichen) Willen Gottes
und seine unumstößlichen Gebote verkündet
und über deren Einhaltung wacht. Meiner Meinung
nach ist diese Karte jedoch ein Zeichen der
inneren Meisterschaft, die in uns allen angelegt ist,
und ein Symbol der möglichen Befreiung
der Seele. Sie weist auf das Potential zur Selbstverwirklichung in jedem Menschen hin, wenn wir uns auf
die Führung durch ›übermenschliche‹,
nämlich kosmische oder ›göttliche‹ Kräfte einlassen.

5 DER HOHEPRIESTER
Stichworte zur Interpretation

Astrologische Entsprechung
Im positiven Sinne entspricht der Planet Jupiter der fünften Tarotkarte: Philosophie und Religion, Ideale und Suche nach neuen Horizonten, individuelle Freiheit im Rahmen einer großen Ordnung.

Numerologische Bedeutung
Die Zahl 5 ist die Zahl des Menschen: Auch Tiere haben die vier Elemente Feuer, Erde, Wasser und Luft, nur der Mensch wird vom fünften Element, dem ›Äther‹ oder Geist erfüllt. Fünf ist auch die Zahl der Möglichkeit zur Entscheidung, und sie steht genau in der Mitte zwischen 1 und 9: Freiheit, nach oben zu streben, zu stagnieren oder nach unten zu fallen.

Chance und Aufgabe
Sie können sich jetzt Methoden der Selbstverwirklichung und Wegen zu Seelenzielen widmen, sollten sich aber vor toten Dogmen hüten.

Liebe und Partnerschaft
Die Beziehung braucht mehr als Sex, Sicherheit und Gewohnheiten: die gemeinsame geistige und seelische Basis und Übereinstimmung.

Lebensfreude und Kreativität
Sie finden echte Freude in Spiritualität und allem, worin Sie ausdrücken können, von welchen höheren Kräften Sie sich selbst und das ganze Leben durchströmt und getragen empfinden dürfen.

Geld und Beruf
Wenn Sie mit ›Religion‹ nicht gerade Ihr Geld verdienen wollen oder müssen, ist jetzt eine eher nichtmaterielle Zeit, in der geistige Werte eine größere Rolle spielen als das Einkommen.

Urlaub und Reisen
Fahren Sie zu einer Meisterin oder einem Meister, gehen Sie in schöne und eindrucksvolle Kirchen, besuchen Sie Wallfahrtsorte oder andere Plätze, an denen Ihre Seele sich erheben kann.

Wenn der innere Meister
Sie an das Leben hinter dem Leben
erinnert ...

Der Meister (der in manchen Decks auch Der Hohepriester oder Der Papst heißt) erinnert uns daran, daß wir nicht nur unser Körper sind, sondern in Wirklichkeit viel mehr sind als unser Körper. Er erinnert uns an unser höheres Sein, an unsere wahre Bestimmung. Er kann Ihr innerer Lehrer sein, durch ihn betreten Sie eine neue Ebene des Lernens und der geistigen Entwicklung. Durch seine Augen sehen Sie, daß Geist und Materie nicht getrennt sind, sondern immer eins waren. Vielleicht ist es nun an der Zeit, sich ernsthaft mit philosophischen Studien, anderen Religionsformen und spirituellen Glaubenswegen zu beschäftigen. Eine bislang unbekannte Wißbegier kann mit dem Meister in Ihnen erwachen und Sie aus den ewigen Kreisen sich immer wiederholender Gedankenmuster befreien, zum Beispiel durch Meditation. Zu wissen muß nicht immer den Erwerb neuen Wissens beinhalten. Wirklich zu wissen kann auch bedeuten, daß Sie bereit sind, all Ihr Wissen, das Ihnen niemals weitergeholfen hat, über Bord zu werfen und sich dem inneren Wissen zuzuwenden.

Wahres Wissen erwerben wir mit Hilfe des inneren Meisters auf unserem täglichen Lebensweg, mit jedem Schritt ins Unbekannte, wenn wir immer wieder den Mut haben, weiterzugehen, uns neu zu öffnen, auf unbekannten Wegen zu wandeln wagen. Auf den üblichen, meist dogmatisch verkündeten Wegen ist noch niemand ans innere Ziel gelangt!

Unser innerer Meister erinnert uns an uns selbst. Er bewegt uns, den Alltagstraum unseres Lebens für eine Weile hinter uns zu lassen und unser Bewußtsein auf etwas Größeres als unsere Routine zu lenken. Er will uns erwecken.

Sein Erscheinen zeigt Ihnen, daß Sie nun bereit sind, sich auf ihn einzulassen und damit alle Veränderungen in Ihrem Leben, die ein wirklicher Bewußtseinswandel einleitet, anzunehmen und dabei beweglich zu bleiben.

Bei einer Tarotsitzung zog eine ältere Dame den Meister und gestand mir dann fast unter Tränen, daß sie endlich einen Jugendtraum wahrgemacht hatte, nämlich all ihre Besitztümer zu verkaufen und auf Weltreise zu gehen. Es schien, als zöge eine bestimmte Energie sie in ein Kloster Thailands. Nun, der Meister muß nicht immer mit einer solchen Radikalität auftreten. Im Fall dieser älteren Dame war der Ausdruck der Wandlungsbereitschaft so absolut, da sie fühlte, daß sich ihr Leben dem Ende zuneigte und sie nun endlich etwas unternehmen wollte, das ihr echten Sinn vermittelte. Wenn wir wissen, daß wir nicht mehr viel Zeit haben in unserem Leben, fallen uns die Scheuklappen von den Augen, und wenn wir Glück haben, wachen wir sogar auf.

Wir erwachen aus dem Traum, den wir ›Leben‹ nennen. Wir beginnen zu begreifen, daß dieses sogenannte Leben nur ein winziger Aspekt eines viel größeren SEINS ist, größer, als wir es mit unserem Gehirnverstand wahrnehmen könnten.

Wenn wir das Glück haben, vom inneren Meister gerufen zu werden, kann eine spontane Bewußtseinserweiterung eintreten, nach der wir nicht mehr dieselbe sind. Wir haben etwas gesehen, das Universum hat uns einen kleinen Blick in seine unfaßbare Weite und Tiefe erlaubt.

Die Zahl der Gestalten auf dieser Karte wechselt von
Deck zu Deck. Im Marseille-Tarot steht ein Mann
zwischen zwei Frauen und über den dreien schwebt –
für sie unsichtbar – ein Amor mit Pfeil. Im Rider-
Waite-Tarot ist es nur ein Paar und ein großer
Engel darüber. Im Crowley-Tarot sind gleich eine Vielzahl
von Paaren aller Art versammelt. Im Tarot der
Liebe sieht man ein Paar in intimer Umarmung. Diese
Karte heißt mitunter auch DIE ENTSCHEIDUNG!
Auf jeden Fall spielt das, was wir ›Liebe‹ nennen, eine
Rolle, allerdings wissen wir im Moment der
verheißungsvollen Begegnung meist nicht, welche
späteren Konsequenzen die Leidenschaft
des Augenblicks noch mit sich bringen wird. Im
Ägyptischen Tarot nennt Bernd A. Mertz die Karte
übrigens neutral und richtig DIE ZWEI WEGE.

6 DIE LIEBENDEN
Stichworte zur Interpretation

Astrologische Entsprechung
Venus als Inbild der Sehnsucht nach Liebe und Schönheit, des Formensinns und der Ästhetik spiegelt astrologisch die angenehmen Seiten der Karte ›Die Liebenden‹ wider.

Numerologische Bedeutung
Die Zahl 6 verheißt eine künstlerische Note und harmonische Verliebtheit. Die inneren Formen der Bienenwaben sind auf dem Sechseck aufgebaut: Flexibilität und Stabilität zugleich.

Chance und Aufgabe
Nehmen Sie eine Begegnung ernst und bemühen Sie sich von Anfang an, Offenheit, Einfühlsamkeit und allzeit klare Kommunikation zum Fundament einer echten und tiefen Beziehung zu machen. Die Aufgabe ist, genau hinzusehen, wer Sie sind und wer der andere ist.

Liebe und Partnerschaft
Entweder eine Zeit der ersten Verliebtheit oder eine Aufforderung zur Entscheidung – nicht unbedingt zwischen zwei Partnern, sondern vermutlich öfter über die Form der Beziehung oder Bindung.

Lebensfreude und Kreativität
Sie fühlen sich wie in einem Hoch, von lauen Winden aufwärts getragen, Sie schweben behende über dem Alltag und sind offen für alle möglichen schöpferischen Impulse. Leben Sie sie aus!

Geld und Beruf
Sie können mit Ihrem Charme vieles erreichen, was sonst nicht zu erlangen wäre. Günstig für finanzielle Erfolge in einer echten Partnerschaft.

Urlaub und Reisen
Jetzt macht es Spaß, sich an dem zu erfreuen, was Geld kaufen kann: Reisen in romantische Landschaften, Übernachtungen in idyllischen kleinen Hotels, Besuche magischer Orte der Kraft.

Wenn sich die Liebenden in Ihrem Tarot-Reading ein Stelldichein geben ...

Wenn die Liebenden in Ihrem Tarot-Reading auftauchen, kann das einen Herzenswunsch signalisieren. Suchen Sie den Partner für Ihr Leben oder hat das Schicksal Sie vor die Qual einer Wahl gestellt?

Oder prüfen Sie, ob das, was andere Liebe nennen mögen, Sie überhaupt nicht erfüllt, oder wie Sie zur ursprünglichen, einmal dagewesenen Liebe zurückfinden können?

Die Liebenden sind uns allen nahe, besonders uns Frauen, da sich ja wirklich, wenn wir einmal ehrlich sind, zumindest das halbe Leben um die Liebe dreht. Bei fast allen Sitzungen werde ich von Frauen auf diese Frage hin angesprochen. Wann kommt mein Partner, wann treffe ich meinen Seelenpartner, den Mann meiner Seele, der mich als seine Frau erkennt?

Die Liebenden sind verführerisch, wollen wir doch alle in den Armen des Geliebten unsere innigste Erfüllung finden. Ich sehe noch jetzt die sehnsüchtigen Augen der Frauen vor mir, die mich um Rat baten. Ja, die Liebenden zeigen unmißverständlich an, daß sich in Sachen Herz etwas regt und bewegt. Aber daß sie die lebenslange Erfüllung bringen können, bezweifle ich. Dafür sind wir zunächst selbst zuständig. Ein Mensch, der einen anderen ›braucht‹, sich selbst aber nicht liebt, kann niemand anderen lieben. Nur ein Mensch, der sich so angenommen hat, wie er ist, sich nicht mehr verurteilt für seine Schwächen, sich selbst gern hat, kann lieben. Manchmal zeigen die Liebenden auch Anziehung zu mehreren Partnern an. Das ist wohl mit eine der erschöpfendsten

Qualen, die man erleben kann. Wo ist mein Herz? Sobald wir den Funken göttlicher Liebe in uns erfahren haben, können wir allerdings ohne Schuldgefühle mehr als einen Menschen lieben. Warum auch nicht? Es ist völlig normal. Wenn jedoch die Sexualität mit ins Spiel kommt, wird es meist kompliziert. Ich habe wenige Paare kennengelernt, die auf die Dauer eine dritte Person mit einbeziehen konnten.

Falls Sie vor einer solchen Frage stehen, nehmen Sie sich Zeit für sich, machen Sie keine Versprechungen, Ihr Verstand wird Ihnen keine Antwort geben können. Fallen Sie nicht auf den Trick Ihrer Gedanken herein, daß Sie sich nun sofort entscheiden müssen ... aber seien Sie ehrlich mit allen Beteiligten, gestehen Sie auch Ihre Hilflosigkeit in dieser Situation. Halten Sie still, entspannen Sie sich tief und sooft es geht, beginnen Sie mit irgendeiner Form von Meditation. Die Situation wird sich klären.

Im besten Fall zeigen die Liebenden ihre Zusammengehörigkeit durch äußere oder innere Heirat an. Fassen Sie den Mut zu diesem Schritt, er muß ja nicht auf dem Papier stattfinden. Eine innere Heirat hat mehr Chancen zu bestehen, da sie mit keiner Lüge beginnen soll, wie zum Beispiel: »Ich werde dir ewig treu sein ...« Die Liebe kommt und geht, wann sie will, wir können sie nicht festhalten, schon gar nicht mit einer Unterschrift auf einem Blatt Papier.

Zur Liebe gehört Mut, viel Mut, da sie auch ›verletzen‹ kann, wenn sie nicht so dauerhaft und ›felsenfest‹ ist, wie vorher ›versprochen‹, und wir uns dann von diesem Menschen verraten fühlen. Genießen Sie die Liebesenergien in der Form, wie sie zu Ihnen kommen.

Der WAGEN

VII · Der Wagen ·

Üblicherweise zeigt diese Karte einen jungen Mann,
einen Prinzen oder jugendlichen Ritter auf einem Wagen,
der zwei Zugtiere mehr oder weniger zügelt, die
sein Gefährt in die von ihm gewünschte Richtung ziehen.
Man findet ein blaues und ein rotes Pferd, eine weiße
und eine schwarze Sphinx oder zwei Kraniche.
Der junge Mann macht einen siegessicheren Eindruck,
deshalb heißt die Karte manchmal auch DER SIEGESWAGEN.
Im Tarot der Liebe wird sie DAS GEFÄHRT genannt, weil
diese Karte 7 eine logische Folge der Karte 6,
DIE LIEBENDEN, ist. Wenn sich zwei Liebende begegnen und
nach ihrem ersten Zusammentreffen zusammen-
bleiben, dann entsteht eine Gefährtenschaft. Ihre Beziehung
wird dann zum ›Boot‹, zum ›Wagen‹ oder eben zum
›Gefährt‹, in dem sie beide sitzen. Solange sie zusammen-
bleiben wollen, müssen sie sich darum bemühen,
zwei Seelen und zwei Egos zu zügeln und in Übereinstimmung zu bringen. Ob das dann immer eine Siegesfahrt
wird, steht dahin. Im Tarot der weisen Frauen wird
diese Karte übrigens MEISTERSCHAFT genannt.

7 Das Gefährt
Stichworte zur Interpretation

Astrologische Entsprechung
Mars mit seiner vorwärtsdrängenden Kraft, die Hindernisse einfach überrennen will, repräsentiert diese Tarotkarte am besten.

Numerologische Bedeutung
Die Zahl 7 zeigt an, daß Herausforderungen, Entscheidungen und Veränderungen nicht mehr ganz dem freien Willen unterliegen, sondern ›von außen‹ herangetragen werden, uns ›aufgezwungen‹ werden. Dahinter steckt natürlich nur die karmische Rückwirkung dessen, was wir im Leben bislang gesät haben.

Chance und Aufgabe
Sie haben reichlich Energie, um auf Ihrem Weg entscheidend voranzukommen. Vorsicht aber vor übereilten Entschlüssen oder rücksichtslosem Verhalten.

Liebe und Partnerschaft
Sie werden mit dem Alltag einer Beziehung konfrontiert. Jetzt liegt es an Ihnen beiden, ob die seelische Harmonie stark genug ist, Ego-Disharmonien auszugleichen.

Lebensfreude und Kreativität
Öffnen Sie sich für den Strom neuer Ideen, der Ihnen jetzt zufließt, halten Sie sich selbst nicht zurück. Genießen Sie das Leben in vollen Zügen.

Geld und Beruf
Jetzt gilt es, zielstrebig und dynamisch Ihre Pläne zu verfolgen und sich nicht durch kleinliche Überlegungen bremsen zu lassen.

Urlaub und Reisen
Jeder Sporturlaub tut Ihnen in diesen Zeiten besonders gut: Bewegen Sie sich ordentlich, bringen Sie Ihren Körper mal wieder richtig auf Touren, toben Sie sich aus.

Wenn der Wagen
in Ihr Leben rauscht ...

Wenn das Gefährt oder der Wagen in Ihr Leben rauscht, haben Sie acht! Hier gilt es, die Zügel auf harmonische Art zu führen, damit die Räder nicht vom Weg abkommen, weil einer der Partner die Zügel zu fest in der Hand hat.

Sie haben die Chance, mit Ihrem Partner gemeinsam das Gefährt Ihres Lebens zu steuern, indem Sie auf sensible Weise erfühlen, wie sich Ihre gemeinsamen Energien im täglichen Leben auswirken. Harmonie und Glück können sich einstellen, wenn Sie dazu bereit sind, dem Partner den Raum zu lassen, den er braucht, um sich gut zu fühlen. Und wenn Sie auch bereit sind, IHREN Raum für sich ohne Schuldgefühle zu beanspruchen.

Der Wagen, das Gefährt kann äußerliches Glück im Geschäft und im wirtschaftlichen Leben bedeuten sowie angehende finanzielle Sicherheit, wenn beide Menschen dies für sich wollen.

Wenn es sich um einen Fall handelt, in dem kein Partner eine Rolle spielt, so zeigt das Gefährt an, daß es nun an der Zeit ist, Verantwortung in äußeren Bereichen, wie Arbeit, Job, Geschäft, Zukunftsplanung und so fort, zu übernehmen. Hier können Sie als Frau einmal Ihren männlichen Kräften die Führung überlassen!

Es ist ein guter Zeitpunkt, nach außen zu treten und Ihren Vorstellungen Stimme und Tatkraft zu geben. Der Wagen oder das Gefährt ist auch der beste Begleiter der Karrierefrau. Seine junge, dynamisch vorantreibende Energie ist ein wunderbares Medium, um schlummernde Kräfte zu wecken und endlich die Sache anzupacken, die Ihnen schon lange vorschwebte, vor der Sie vielleicht sogar Angst verspürten und die nun Ihren Mut herausfordert!

Es heißt nicht, daß Sie nun alles überstürzen müssen oder sollen, sondern, daß Sie mit innerer Sicherheit die Dinge und Situationen meistern, die schon mehr als reif sind. Sie sind der Lenker Ihres Schicksals, und mit etwas mehr Selbstbewußtsein und Vertrauen können Sie nun einen wichtigen Sprung in Richtung Erfüllung Ihrer Wünsche wagen. Erinnern Sie sich an den Mut und die Kraft, die Sie als Kind besaßen, noch ungetrübt von allen Zweifeln der Erwachsenenwelt. Nehmen Sie mit diesen Kräften in sich wieder Kontakt auf. Lassen Sie sie durch sich wirken.

Wenn der Wagen Ihnen seine Hilfe anbietet, brauchen Sie nicht zu zögern, steigen Sie voll ein, nehmen Sie die Zügel Ihres Lebens fest in die Hand und halten Sie Balance und Gleichgewicht in Ihrem inneren und äußeren Tun, und der Erfolg stellt sich von selber ein. In welchem Alter Sie auch sein mögen, solange Sie den Mut haben, sich immer wieder ohne Vorurteile im Leben weiterzubewegen, so lange wächst Ihr Vertrauen in sich selbst und das Leben.

Gute Fahrt!

KRAFT

Ausgleichung

Bei der Numerierung der Karten 8 und 11 bestehen Differenzen zwischen den Tarotauguren. Im Crowley-Tarot, im Tarot der Liebe und in beiden Mertz-Tarots heißt die Karte 8 AUSGLEICHUNG, DER AUSGLEICH, DIE GERECHTIGKEIT bzw. DIE GEWISSENSWAAGE. Das Waite-Tarot und das Tarot der weisen Frauen haben an der achten Position DIE STÄRKE/KRAFT und an der elften Position GERECHTIGKEIT. Ich gehe davon aus, daß der Archetypus des Ausgleichs und der Waage auf die achte Position gehört, weil in der Zahl 8 die Lemniskate, das Symbol der in sich fließenden, harmonischen Balance enthalten ist. An dieser Stelle im Tarot muß zum ersten Mal Bilanz gezogen werden: Was ergibt sich aus all den Erlebnissen und Handlungen, die wir auf der Reise zu uns selbst von der ersten Karte an bis jetzt erfahren haben? Wo stehen wir? Werden wir von einer blinden Göttin Justitia objektiv, aber auch gefühllos gerichtet? Oder beurteilen wir uns an dieser Stelle unserer Lebensreise eher selbst und geben uns die Chance, einen neuen Weg einzuschlagen? Oder sehen wir uns in einer Art Zwischenbilanz den karmischen Rückwirkungen gegenüber, die wir bislang selbst verursacht haben?

8 DER AUSGLEICH
Stichworte zur Interpretation

Astrologische Entsprechung
Das Zeichen Zwillinge mit seiner Vielseitigkeit und Offenheit sowie Janusköpfigkeit kann für diese Karte stehen. Damit finden auch die Gefahr der Beliebigkeit beim Streben nach Ausgleich und die Oberflächlichkeit des zu raschen Urteils Ausdruck.

Numerologische Bedeutung
Die Zahl 8 ist Symbol des dynamischen und lebendigen Ausgleichs: Energie schwingt hin und her und bildet ein bewegliches Muster von Ausgewogenheit und Einheit.

Chance und Aufgabe
Diese Tarotkarte fordert dazu auf, sich selbst und anderen gerecht zu werden: Also weder zuviel noch zuwenig zu erwarten, zu erkennen, daß jeder Lebensweg individuell und einzigartig ist und jede Person ihren eigenen Weg gehen muß und wird.

Liebe und Partnerschaft
Halten Sie inne: Ist Ihre Beziehung so, daß sie Ihnen beiden gerecht wird? Wenn nicht, was gilt es zu verändern? Ein Verharren in vermeintlichem Frieden, der in Wirklichkeit aber eine Stagnation ist, würde sich später als verhängnisvoll erweisen.

Lebensfreude und Kreativität
Gönnen Sie sich Ruhe! Hören Sie auf die stilleren Töne, geben Sie den sanfteren Regungen in sich selbst jetzt mehr Raum und Zeit.

Geld und Beruf
Eine gute Zeit, um nüchtern Bilanz zu ziehen, ob Sie auf dem Weg zu Ihren materiellen Zielen voranschreiten, stocken oder gar zurückfallen. Ziehen Sie ruhig, aber bestimmt die Konsequenzen!

Urlaub und Reisen
Suchen Sie harmonische Orte auf, an denen Sie Frieden und Besinnlichkeit erspüren und sich wieder aufladen können.

Zeit, Bilanz zu ziehen ...

Der Ausgleich ermahnt Sie nach einer Periode hektischer Aktivitäten, ganz gleich, ob es sich um ständig wiederholte innere Gedankenschleifen oder um physische Verausgabung handelt, stillzuhalten.

Es ist an der Zeit, Bilanz zu ziehen und zu sehen, ob es sich tatsächlich gelohnt hat, all die Zeit gegen die Wand zu rennen ...

Sie wenden Ihre Aufmerksamkeit auf sich selbst und schauen ehrlich nach, wie es um Sie steht. Ändern sich Werte, Anschauungen, Urteile? Welche Verhaltensmuster erlauben Ihnen keinen ungezwungenen Austausch mit anderen Menschen? Ohne innere Balance ist kein frohes Dasein möglich. Kommen Sie zur Ruhe, stellen Sie sich täglich auf ruhige Augenblicke ein. Nehmen Sie sich Zeit für sich selbst. Vermeiden Sie, von anderen energetisch ›ausgelutscht‹ zu werden, wenn die Balance oder der Ausgleich in Ihrer Sitzung auftaucht.

Achten Sie auf Ihren inneren Rhythmus. Richten Sie nach und nach Ihren Tagesablauf darauf aus. Hören Sie auf diese kleine innere Stimme, die viel zu selten zu Wort kommt. Seien Sie liebevoll und weich mit sich, und geben Sie sich selbst die Erlaubnis, Ihren natürlichen Punkt der inneren Balance immer wieder zu berühren.

Unsere innere Balance ist kein rigider Punkt, sondern im Gegenteil ein beweglicher Zustand, der sich normalerweise harmonisch zwischen den Polen der Innen- und Außenwelt hin- und herbewegt. Und wir können mitschwingen, so wie auch die Erde schwingt und alles, was dieses wunderbare Universum ausmacht. Es gibt eine absolute Stille in der Bewegung, und das ist kein Paradox, obwohl es vielleicht so scheint.

Meditation ist ein guter Weg, um unsere Mitte und unsere Balance wieder zu fühlen. Ein totales Loslassen von allen alten Gedanken, während wir nur dasitzen oder liegen und NICHTS TUN.

Meditation kann man nicht herbeizwingen. Es hat nichts mit Tun zu schaffen. Es ist der absolute losgelöste Zustand des NICHTSTUNS, der sich dann ganz von selbst manifestiert, wenn wir uns erlaubt haben, die innere Leere zu fühlen. Er stellt sich ein, wenn wir uns wirklich fallen lassen in das, was ist, und unserem oft zu engen Bewußtsein gestatten, endlich einmal wieder seine Flügel auszubreiten!

Jetzt ist für Sie eine Zeit des Reflektierens, des Überprüfens und des Loslassens. Hauptsächlich jener verstaubten Gedankenmuster, die schon seit langem Ihren Zustand bedrückend beeinflussen. Nehmen Sie Abstand, Sie können sie nicht ausradieren, aber Sie haben die Wahl, sich noch weiter mit ihnen zu identifizieren oder eben nicht mehr.

Üben Sie loszulassen, es ist dazu ein guter Moment. Dadurch kann eine Entscheidung ganz von selbst und ohne Qualen fallen. Die Frau erkennt sich als dual wirkendes Wesen; männliche wie weibliche Kräfte, Anima und Animus, schwingen sich harmonisch in Ihrem Leben ein.

Diese Zeit der inneren Ruhe und Ausgeglichenheit bietet Ihnen das vielleicht schon lang entbehrte Gefühl von Geborgenheit an.

Der EREMIT

DIE SUCHENDEN im Tarot der Liebe bemühen sich
jeder auf seine Weise, das Wesentliche hinter den Formen
der Welt zu finden: Die Frau öffnet sich weltzugewandt
für das Licht aus den Himmeln, der Mann sucht das Licht
in der meditativen Abgeschiedenheit der Weltabkehr.
In anderen Decks heißt diese Karte DER EREMIT oder DER WEISE.
Dort ist praktisch immer ein älterer Mann zu sehen,
der in einer Hand eine Lampe hält, mit deren Lichts er seinen
Weg sucht – oder uns den Weg zeigt –, in der anderen
hält er einen Pilgerstab oder auch ›Zauberstab‹. Auf jeden
Fall spielt Licht, der Zugang zum wahren, schatten-
losen göttlichen Licht und die Weitergabe des Lichts der Liebe
und Weisheit, für diese Tarotkarte die entscheidende
Rolle. Es geht um den Sinn des Lebens! Als Konsequenz aus
der Bilanz der Karte 8 ist der Reisende auf seinem
Lebensweg nun an jener Station angekommen, bei der es
heißt, neuen Sinn für die nächste Etappe zu finden.

9 DIE SUCHENDEN
Stichworte zur Interpretation

Astrologische Entsprechung
Das Zeichen Schütze symbolisiert die energische Suche nach Sinn, wie sie auch auf dieser Tarotkarte zum Ausdruck gelangt.

Numerologische Bedeutung
Die Zahl 9 schließt den Reigen der einstelligen Ziffern, sie bedeutet Beendigung beziehungsweise Vollendung, und damit auch eine Einkehr und Innenschau.

Chance und Aufgabe
Wenn diese Karte fällt, ist es an der Zeit, daß Sie betrachten, was abgeschlossen ist oder beendet werden sollte. Begeben Sie sich auf die Suche nach dem Wesentlichen für Ihr Leben, nach dem Sinn.

Liebe und Partnerschaft
Seelentiefe, gemeinsame Sinnsuche, zwischenmenschliche Lichtarbeit stehen in dieser Zeit auf Ihrem Programm. Vielleicht fühlen Sie sich auch danach, eine Zeitlang ›Urlaub von der Beziehung‹ zu nehmen, um mehr zu sich selbst zu kommen.

Lebensfreude und Kreativität
Richten Sie Ihre schöpferischen Energien besonders darauf, das Licht in sich und anderen zu entdecken. Dieses innere Licht kann Ihnen zum Kraftquell für das ganze Leben werden. (Siehe auch Hinweis auf Lichtmeditation im Anhang.)

Geld und Beruf
Erwarten Sie jetzt keine großen Erfolge aufgrund neu begonnener Unternehmungen. Schon länger laufende Projekte, die nun vollendet werden, können jetzt jedoch ihre wohlverdiente Ernte bringen.

Urlaub und Reisen
Stille Orte, meditative Umgebungen, vielleicht Kurse, bei denen es um Selbsterfahrung und Sinnverwirklichung geht, wären günstig.

Mehr als nur ein Weg ...

Die Suchenden oder der Einsiedler weist Sie darauf hin, daß es nicht nur einen Weg zur Selbstverwirklichung gibt. Die Karte zeigt an, daß nun eine Zeit des Alleinseins = des All-Eins-Seins gekommen ist. Wir ziehen uns für eine Weile aus dem äußeren Treiben vollständig zurück und konzentrieren uns auf uns selbst. So eine Zeitperiode muß jeder Mensch in seinem Leben zumindest einmal durchwandern. Wir gewinnen Reife, Einsicht und mehr Verständnis für uns selber und damit auch für alle anderen Menschen in unserem Leben.

Die eine zieht es in den Himalaja, und die andere sucht ›ihren‹ Platz auf einer Insel im Pazifik. Wie immer Sie auch Ihren zeitweisen Rückzug aus der Welt gestalten wollen, er sollte für Sie stimmen und nicht von einem anderen Menschen übernommen werden. Deshalb ist es besser, seinen eigenen Pfad zu suchen, als der vermeintlichen Sicherheit nachzulaufen, welche traditionelle dogmatische Religionswege anbieten!

Wir leben im 20. Jahrhundert! Leben Sie Ihre eigene innere Moral – sich Zeit für sich selbst zu nehmen, sich mit Meditation zu beschäftigen und eine Weile den äußeren Verstrickungen zu entsagen, ist nicht selbstsüchtig. Im Gegenteil, es zeigt Verantwortungsbewußtsein, und was man an seelischer Tiefe nicht in sich selbst erfährt, kann man auch in anderen nicht erkennen.

Weitsichtigere Intelligenz wird immer schon von der eher unbewußteren Masse angegriffen und zerrissen. Ich behaupte, jedes Problem, das wir auf unserem Planeten erschaffen haben, im Namen der Entwicklung und so weiter, ist auf den unübersehbaren Fakt der Überbevölkerung zurückzuführen. Aber noch immer gestatten wir einem bewußtseinsmäßig völlig inadäquaten sogenannten ›geistigen‹ Führer (dem Papst), seine vollkommen veralteten und unbrauchbaren Wahnvorstellungen vorzubeten und auf Nachahmung zu bestehen. Viele Suchende landen, wenn sie nicht die Kraft dazu mobilisieren können, ihren eigenen Lebensweg zu gehen, auf den ausgetretenen Wegen unserer vergreisten Religionen.

Wenn wir die Angst vor innerer Leere und dem Unbekannten nicht anschauen wollen, da wir Furcht haben, daß sich der Sinn unseres Lebens wandeln könnte, daß wir eine echte Transformation erfahren könnten, dann geben wir uns selbst das Todesurteil. Wie viele Menschen haben es ein Leben lang erfolgreich vermieden, einen ehrlichen Blick auf sich selbst zu werfen, und schleppen sich nun wie lebende Leichen durch unsere Straßen?

Wir haben die Wahl, der Einladung des Einsiedlers oder der Suchenden zu folgen und mit unserem eigenen Licht in die Dunkelheit des Nichtwissens einzutauchen oder nicht auf sie einzugehen.

Nutzen Sie diese kostbare Zeit! Sie ist die erste Stufe zu einer vollkommen neuen Stufe in Ihrem Leben.

RAD des SCHICKSALS

GLÜCKSRAD, RAD DES SCHICKSALS, SPHINX oder SCHICKSALSRAD
sind die Bezeichnungen für die zehnte Tarotkarte der großen
Arcana. Crowley nennt sie schlicht und ergreifend
GLÜCK. Im Zentrum dieser Karte steht in jedem Deck ein Rad,
das sich gegen den Uhrzeigersinn dreht. Entlang des
Rades sind meist drei Figuren zu sehen, die Stationen der
Entwicklung des Menschen anzeigen. Oben, in der
Höhe der Entwicklung, eine Sphinx; im Abstieg eine Schlange
(bei Waite) oder ein Anubis-Hund (im Ansata-Tarot);
im Aufstieg ein Anubis-Hund (bei Waite) oder ein Ziegen-
fisch (im Ansata-Tarot). Im Tarot der Liebe sieht man
mehrere Paare in verschiedenen Stadien der Beziehung zwischen erster Begegnung, Vertiefung, Höhepunkt,
Entfremdung und so fort. Die zehnte Karte des Tarots
zeigt an, daß wir das Leben als karmisches Rad
verstehen sollten, das sich immer weiter dreht. Nach
dem Hoch kommt ein Tief, nach jedem Tief
wieder ein Hoch.

10 Das Schicksalsrad
Stichworte zur Interpretation

Astrologische Entsprechung
Das Zeichen Steinbock ist das zehnte im Tierkreis. Es steht für die beharrliche Arbeit, die wir einsetzen müssen, um ›unser Glück zu machen‹. ›Glück‹ ist zu 99 Prozent Resultat geduldiger Bemühungen, nicht Himmelsgeschenk für passive Hoffnungen.

Numerologische Bedeutung
10 ist die höhere Oktave der 1, also Durchbruch auf eine neue Bewußtseinsebene, Vertiefung von wesentlichen Erfahrungen und konzentrierter Wille zum Erfolg auf ein wichtiges, neues Ziel hin.

Chance und Aufgabe
Seien Sie offen für überraschende Wendungen im Leben, für neue Herausforderungen, für Begegnung und Abschied, für Freud und Leid. Sie werden nicht mehr erhalten und nicht mehr verlieren, als Sie (er)tragen können.

Liebe und Partnerschaft
Bleiben Sie gelassen und ruhig, ganz gleich, was geschieht.

Lebensfreude und Kreativität
Lassen Sie sich auf die unsichtbaren Kräfte ein, die unser aller Leben durchwirken. Öffnen Sie sich für Intuition und Inspiration aus höheren Dimensionen des Seins.

Geld und Beruf
Sie bekommen, was Ihnen ›zufällt‹. Seien Sie bereit! Und nur das fällt Ihnen zu, was Sie sich karmisch ›verdient‹ haben. Wir sollten uns zwar stetig bemühen, die Früchte unseres Wirkens jedoch, Gewinn und Verlust, werden uns nach dem Gesetz von Ursache und Wirkung zugeteilt, das über ein einziges Leben hinauswirkt.

Urlaub und Reisen
Lassen Sie sich von unerwarteten Angeboten überraschen, die jetzt auf Sie zukommen, und wagen Sie etwas Neues.

Springen Sie ruhig
auf das Schicksalsrad – es läuft
sowieso rundherum ...

Wenn Sie die Chance haben, auf das ›Rad des Glücks‹, auf das Schicksalsrad aufzuspringen, tun Sie das, ohne zu zögern!

Eine kreative Phase der Erneuerung bietet sich Ihnen an. Ein wohlwollendes Schicksal führt Sie in Ihren bevorstehenden Lebenszyklus und erleichtert Ihr Herz!

Das Schicksal nimmt Sie mit auf eine aufregende, lebendige Fahrt in Ihren neuen Lebensabschnitt. Halten Sie Ihre Energien nicht zurück, sondern spielen Sie freudig mit. Sie haben Glück, und es kann Ihnen rundum gut gehen.

Dies ist ein günstiger Augenblick, um Veränderungen des Wohnortes vorzunehmen. Ein lang gehegter Wunsch kann nun ohne größere Probleme in Erfüllung gehen. Halten Sie an nichts Altem fest, auch wenn es den Abschied vom geliebten Porzellaneierbecher verlangt, der Sie jahrelang begleitet hat ... Lassen Sie los von allem Ballast, der Ihren Weg nur beschweren würde: Damit sind auch emotionale Bindungen gemeint, die nur noch einseitig Energie geben.

Schwingen Sie sich in eine noch unbekannte Dimension Ihres Erdenlebens auf. Gutes Karma!!! Freie Bahn in eine glücklichere Zukunft, eine neue Runde im Spiel des Lebens wartet auf unseren Einsatz. Seien Sie diesmal nicht geizig mit sich. Bekanntschaften mit neuen Menschen können sich als beständig und harmonisch bewähren.

Ein guter Zeitpunkt, um ein neues Geschäft ins Leben zu rufen und sich großzügiger und freier zu etablieren. Haben

Sie den Mut, Ihren Traum zu verwirklichen, das Glücksrad gibt Ihnen den nötigen Schwung und Elan dazu.

Die Zeit des Abwartens ist vorüber, jetzt heißt es, in Aktion zu treten, sich nicht gegen die eigenen Energien zu stellen, sondern mit neuer Hoffnung und frischem Mut Ihrer inneren Erfüllung eine Runde näherzukommen.

Als Beispiel Ann, meine langjährige Freundin, die nun vor einer wirklich großen Verwirklichung ihrer Träume steht, einem neuen Heim, in den wunderschönen Ausläufern der Rocky Mountains... Sie hatte den Elan und die kolossale Energie, die es braucht, ihren speziellen Traum zuerst in Gedanken zu formen und zu erwägen, und dann die Zielkraft, diese Gedankenformen in der Materie zu manifestieren. Ich gratuliere!

Dies nur als Beispiel, wie sich das Glücksrad auch für Sie drehen kann – wenn Sie wollen... In jedem Fall ist es eine Zeit, die total genutzt werden sollte, falls Sie schon seit einiger Zeit spüren, daß etwas in Ihnen auf Veränderung drängt und nur noch keinen äußerlichen Ausdruck gefunden hat.

Lassen Sie sich vom Schicksalsrad auf eine wunderbare Entdeckungsreise mitnehmen und wundern Sie sich bitte nicht, wenn sich Ihr Leben wirklich um 180 Grad dreht!

Meist sieht man bei dieser Karte eine Frau, wie Gott
sie schuf, die auf einem Löwen reitet. Im Waite-Tarot steht
an dieser Stelle DIE GERECHTIGKEIT. Im Tarot der Liebe
steigen zwei Menschen auf Kranichs Schwingen auf zum Licht.
Im Crowley-Tarot heißt diese Karte übrigens LUST, sonst meist
STÄRKE, im Tarot der Liebe DER HÖHEPUNKT. Thema ist,
in der menschlichen Existenz Animalisches und Humanes,
Instinktives und Intuitives, Körperliches und Geistiges
so miteinander zu verbinden, daß die höhere Kraft
die Führung innehat, ohne die niedere Kraft zu unterdrücken oder zu negieren.

11 DER HÖHEPUNKT
Stichworte zur Interpretation

Astrologische Entsprechung
Das Zeichen Stier steht für die Freude an Sinnlichkeit und irdischen Genüssen, und damit für einen Aspekt der Tarotkarte ›Der Höhepunkt‹, die natürlich auch noch andere Seiten hat.

Numerologische Bedeutung
Die Zahl 11 ist eine sogenannte Meisterzahl. Sie wirkt magisch, sie aktiviert ein ungeahntes Potential im Menschen. Sie symbolisiert auch höhere Fügungen und kosmische Eingriffe ins Schicksal.

Chance und Aufgabe
Erfühlen Sie, was Ihre wirklichen Stärken sind, und trauen Sie sich, diese auszuprobieren und zu leben.

Liebe und Partnerschaft
Jetzt ist eine Zeit, auf Höhepunkte zuzusteuern oder sich dorthin führen zu lassen. Sie erfahren eine nie gekannte Intensität in Ihrer Beziehung – die allerdings nicht immer unbedingt einfach sein muß.

Lebensfreude und Kreativität
Ihre schöpferischen Energien fließen stark und klar, Sie spüren, welche Kräfte in Ihnen stecken. Geben Sie dem auch lebendigen Ausdruck, spielen Sie im Theater mit, malen Sie, und so fort.

Geld und Beruf
Eine Zeit der verlockenden Möglichkeiten und der überraschenden positiven Wendungen. Seien Sie sowohl beweglich und aktionsbereit als auch umsichtig und überlegt.

Urlaub und Reisen
Reisen Sie dorthin, wo es verspricht, am abenteuerlichsten zu werden, wo Sie am meisten Ungewöhnliches erleben könnten.

Kraft und Lust ...

Der Höhepunkt, die Stärke, die Kraft oder die Lust (im Crowley-Tarot) verbindet alle diese Eigenschaften. Denn natürlich beinhaltet der Höhepunkt Kraft wie auch Lust! Sie spüren neue Lebenskraft und haben den Wunsch, diese auch auszudrücken. Mit dem Partner leitet die Karte Der Höhepunkt eine Phase der wiedererwachenden Leidenschaft ein. Sie erleben einen neuen Frühling!

Wenn Sie allein sind, besteht jetzt eine Chance, Ihre Anima- und Animuskräfte zu vermählen. Eine energiegeladene Zeit, gekennzeichnet von einem Gefühl der Lebensfreude, Kraft und Liebesbereitschaft.

Energien, die vielleicht in den letzten Monaten eher blockiert waren, kommen wieder in Bewegung und vermitteln Ihnen ein völlig anderes Lebensgefühl. Sie fühlen sich beschwingt, leicht und kraftvoll, sobald Sie diesen ›gefrorenen‹ Kräften erlauben, wieder in Bewegung zu kommen.

Gestatten Sie sich endlich, Ihre Weiblichkeit voll anzunehmen und den Unterschied zum männlichen Geschlecht zu genießen und zu feiern! Messen Sie Ihre Kräfte nicht mit anderen Menschen, sondern konzentrieren Sie sich auf sich selbst. Wir müssen nicht andere bezwingen, nur um uns stark zu fühlen.

Der Höhepunkt bietet uns die Chance, mit unseren eigenen Energien oder, wenn wir wollen, mit der Energie eines geliebten Menschen zu verschmelzen. Wir werden eins mit einem anderen Wesen, wir empfinden Glückseligkeit durch diese momentane Auflösung unseres Egos.

Es ist uns in diesem Dasein auf Erden leider nicht gestattet, ununterbrochen Höhepunkte zu erleben, wahrscheinlich würde das unser Nervensystem nicht aushalten. Aber es ist wichtig, jede Phase, die wir auf unserem Lebensweg durchwandern, zu einem Höhepunkt heranreifen zu lassen und nicht frühzeitig ›abzutreiben‹, indem wir uns alten, schädlich gewordenen Gedankenmustern hingeben.

Das Yin- und Yangzeichen in der Karte elf des Tarots der Liebe ist in ein rotes Herz eingebettet und symbolisiert unsere innere Balance und Einheit.

Bei der Karte der Lust im Crowley-Deck hält die feurige Göttin des Eros den leuchtenden Gral des Feuers der Ewigkeit in ihrer Hand. Die Flamme des ewigen Lebens strömt aus der Hand der Weiblichkeit. Letztlich ist es auch die Fruchtbarkeit in jeder Art von Kreativität, die der Höhepunkt einleiten kann. Der weibliche Eros in Hochpotenz, unbefangen, nackt, rein und kraftvoll, so können wir diesen Teil von uns jetzt erleben. Es gilt, die Dinge auszukosten, zu genießen und nichts zurückzuhalten.

Wir sind in unserem Inneren immer mit dieser feurigen, lebensspendenden Quelle in Verbindung. Wir vergessen das oft und geraten dann in Schwierigkeiten. Lassen Sie Ihre Lebenslust heraus, seien Sie direkt und mutig, genießen Sie einen vielleicht völlig ungewohnten Aspekt Ihres Wesens!

Die Bezeichnungen für die zwölfte Tarotkarte schwanken
zwischen DER GEHÄNGTE, DER EINSAME, DER GEHENKTE
oder DER HÄNGENDE (im Ägyptischen Tarot) und KOPFÜBER
(im Tarot der Liebe). Treffend scheinen uns die
Namen ›Der Hängende‹ oder ›Kopfüber‹ zu sein. Denn er
ist ja nicht am Halse aufgehängt, sondern von einem
Fuß her. Und dieser Mensch hat sich freiwillig in
diese ungewöhnliche und ›verkehrte‹ Position begeben, aus
der er die ganze Welt und das ganze Leben aus einer
völlig anderen Perspektive als bisher ansieht. Im Ansata-Tarot
und im Marseille-Tarot sieht man ihn regelrecht in
einer Tanzstellung – wenn man die Karte umdreht. Der
Versuch – oder die Notwendigkeit –, einen völlig
neuen Standpunkt einzunehmen, um 180 Grad gedrehte
Gesichtspunkte anzublicken, hilft, verborgene
Lichtkräfte des Lebens zu erkennen und daraus Einsichten
zu schöpfen, die vor allem für die darauffolgende Karte
des Tarots von großer Bedeutung sind.

12 KOPFÜBER
Stichworte zur Interpretation

Astrologische Entsprechung
Die Originalität und der Nonkonformismus des Zeichens Wassermann ist analog denselben Qualitäten dieser zwölften Tarotkarte.

Numerologische Bedeutung
Zwölf Monate hat das Jahr, zwölf Stunden der Tag (und zwölf die Nacht), zwölf Tierkreiszeichen und zwölf astrologische Häuser gibt es, zwölf Jünger hatten sich um Jesus versammelt. Die 12 ist eine Zahl des schöpferischen Urmusters, der konstruktiven Kreativität.

Chance und Aufgabe
Durch eine totale – zumindest zeitweise – Umkehr der bisherigen Standpunkte und Ansichten können Sie Ihr Bewußtsein für ein sehr viel größeres Lebenspotential öffnen, als Sie bisher erlebt haben.

Liebe und Partnerschaft
Vermutlich ist dies eine Zeit, in der Sie sich zurückziehen und ganz allein neu anschauen möchten, was Ihre Beziehung für Sie bedeutet.

Lebensfreude und Kreativität
Erfahren Sie, wie Ihnen ungewohnte und unerwartete Energien zufließen, wenn Sie alles einmal anders angehen. Ihr eigenes Selbstbild und Ihre eigene Weltsicht bestimmen, was Sie erleben!

Geld und Beruf
Was bedeuten finanzielle Sicherheit und Besitztümer für Sie? Wie sehr können Sie sich darauf verlassen? Können Sie nur mit Ihrem bisherigen Beruf Ihren Lebensunterhalt bestreiten? Gibt es andere Wege, sich zu verwirklichen und dabei das Nötige zu verdienen?

Urlaub und Reisen
Was wäre, wenn Sie einmal gar nicht in den Urlaub verreisten, sondern zu Hause blieben? Lao Tse sagte: Der Weise sieht, ohne aus dem Fenster zu blicken, er reist, ohne aus der Tür zu treten.

Wenn alles wie auf den Kopf gestellt erscheint ...

Für mich hat diese Karte viel mit ›unfreiwilligem‹ Loslassen zu tun. Wir werden vom Schicksal dazu angehalten, unsere eigene Lage einmal von einem völlig anderen Standpunkt zu sehen. Dinge, die einmal wichtig schienen, haben keine Bedeutung mehr. Wir blicken kopfüber in unser eigenes Spiegelbild. Der Gehängte sieht eine völlig andere Welt als zuvor. Er hält still in dieser Position der tiefen Loslösung von altem Karma.

Es kann eine Zeit der ›Selbstaufgabe‹ im positiven Sinne beinhalten. Keine Aktion bringt uns aus dieser Karmaklemme. Wir müssen hinschauen, und das auch noch verkehrt herum!

Und wenn Sie aus dieser Haltung des Aufgebens das Schicksal anderer Menschen erfühlen, dann erwacht echtes Mitgefühl. Wir sitzen alle im selben Boot.

Das irdische Leben wird als Spiel erkannt, und wir lernen mit Hilfe dieser Karte, uns nicht mehr so stark mit unseren Problemen zu identifizieren, was nicht heißt, daß wir sie verstecken, sondern ihnen eben nicht mehr die übermächtige Stellung in unserem Bewußtsein geben.

Die Lösungen sind immer in uns, und oft braucht es diese Phase von Kopfüber, um das zu erkennen. Die zwölfte Karte leitet eine tiefe Wandlungsperiode ein. Wir sind danach nicht mehr dieselben. Verhärtete Strukturen unseres täglichen Lebens beginnen brüchig zu werden. Wir haben einen Innenraum entdeckt, in den wir uns fallen lassen können und in dem wir die Haltung des Gehängten nachempfinden können und uns erlauben können, die Welt, in der wir leben, ohne rosa Brille zu sehen. Es kommt darauf an, das wirklich sein zu lassen, was ist, und uns keine Meinung zu bilden über diesen Zustand der Transformation.

Wir stehen sozusagen ›gebunden an den Pfahl der Wahrheit‹, wie es der Musiker Deuter so schön ausgedrückt hat. Alle Masken fallen, wir müssen alles in Frage stellen, um eine völlig neue Sicht auf unser Leben zu gewinnen. Träume, die uns nur im Tiefschlaf hielten, lösen sich auf. Im Grunde ist es ein großer Schritt zu unserer inneren Befreiung. Ich mag diese Karte ganz besonders, deutet sie doch einen ganz wichtigen Aspekt unseres Daseins an: Wir können machen und tun, so viel wir wollen, und uns beschäftigt halten mit immer neuen Fantasien, es kommt doch ein Tag, an dem wir innehalten und falschen Schein mit echtem Sein eintauschen und anfangen müssen, auch einmal uns selbst, unsere bisherigen Werte und Glaubensinhalte zu überprüfen.

Die Verwandlung kann schmerzlos vor sich gehen, wenn wir bereit sind, die Vergangenheit loszulassen.

Die dreizehnte Karte im Tarot hat viele Namen:
DER TOD, DIE SCHWELLE, DAS ENDE oder DIE VERWANDLUNG. In
älteren Decks wird meist ein Skelett mit einer
Sense in der Hand gezeigt, das Bild des sprichwörtlichen
›Schnitters‹. Im Marseille-Tarot sieht man zergliederte
Menschen, deren Gesichter allerdings nicht sehr
tot aussehen und deren Hände und Füße ebenfalls wieder
›zu grünen‹ beginnen. Das Thema Wiedergeburt
oder Weiterleben des Geistes geht in vielen Karten unter,
weil eine furchterregende Bildgestaltung des Todes
das überdeckt. Im Tarot der Liebe sehen wir, wie sich aus einer
schwarz gekleideten weiblichen Silhouette das
Bewußtsein vorsichtig und allmählich ablöst und wie ein
Vogel in die Höhen aufschwingt, wo Raum und
Zeit nicht mehr existieren. Auch im Tarot der weisen
Frauen steht beides – Ende und Neuanfang –
gleichberechtigt nebeneinander.

13 DIE VERWANDLUNG
Stichworte zur Interpretation

Astrologische Entsprechung
Pluto verkörpert eine tiefgreifende Transformation, die alles auflöst und dazu zwingt, das Wesentliche zu erkennen, das zeitlos und körperlos ist.

Numerologische Bedeutung
Die Zahl 13 gilt seit alters her als ›Unglückszahl‹. Dreizehn Gäste am Tisch zu haben wurde früher zum Beispiel als böses Omen angesehen und als Fingerzeig auf den baldigen Tod eines Gastes. Es ist sicher eine ›unbequeme‹ Zahl, die einen meist unerwünschten Umbruch mit sich bringt, der einen unvorbereitet trifft.

Chance und Aufgabe
Energie geht nie verloren, lehrt uns die Physik. Bewußtsein löst sich ebenfalls nicht einfach in ›Nichts‹ auf, sondern bleibt bestehen. Erforschen Sie, was in Ihnen ewig ist!

Liebe und Partnerschaft
Vielleicht wird es jetzt notwendig, einen inneren oder äußeren Abschied zu nehmen. Oder Sie beide schaffen es, die Beziehung zu verwandeln und auf einer höheren Stufe zu leben.

Lebensfreude und Kreativität
Beschäftigen Sie sich intensiv mit transformativen schöpferischen Prozessen, sei es mit Töpfern, wo aus einer formlosen Masse etwas Neues entsteht, sei es mit Meditation.

Geld und Beruf
Wenn Sie Besitzwerte innerlich wirklich losgelassen haben, kann es sein, daß Ihnen gerade jetzt erhebliche finanzielle Vorteile zufallen, zum Beispiel in Form einer Erbschaft oder eines Gewinns.

Urlaub und Reisen
Suchen Sie Orte auf, die für Sie wirklich außergewöhnlich sind.

Wenn sich eine Veränderung im Leben wie ein kleiner Tod anfühlt ...

Was in der Karte 12 eingeleitet und vielleicht ›geübt‹ wurde, wird nun zur absoluten Gewißheit. Die Zeit, all das in uns endgültig loszulassen, womit wir uns nicht mehr identifizieren können, ist da. Wir mutieren in eine völlig neue Phase unseres Lebens. Damit ist ganz direkt eine Wiedergeburt verbunden.

Wenn wir alte verbrauchte Energien und Bilder loslassen, geben wir Raum für neues Leben. Wir schaffen Platz für frisches Wachstum. In einer solchen Phase haben wir vielleicht manchmal das Gefühl, nun sei alles zu Ende, aber wenn wir die Geduld und den Mut entwickeln, im Augenblick zu leben, erkennen wir jede Wandlung und Verwandlung als Gottesgeschenk!

Diese Veränderung kann auf allen Ebenen stattfinden, vor allem dort, wo wir am meisten ›gebunden‹ sind. Der Phönix erhebt sich aus der Asche und schwingt sich auf in einen strahlend blauen Himmel. So können wir uns innerlich fühlen, wenn wir unserer Angst erlauben, sich aufzulösen.

Der Geburtskanal der Verwandlung bringt uns mit neuen Menschen, Situationen, Möglichkeiten und Lebensumständen in Verbindung.

Überlebte Gedankenschleifen machen neuen Ideen Platz, wenn wir uns nicht an unseren erlernten Persönlichkeitsstrukturen festklammern und sie für unser wahres Selbst halten.

Hilfreich sind Meditation und Tiefenentspannung. Nehmen Sie sich täglich Zeit, sich aus der Geschäftigkeit des Alltags für eine Weile zu entfernen. Versuchen Sie nicht, die immer tiefer werdende ›Leere‹, die Sie eventuell im Inneren spüren, mit hektischer Aktivität zu verdecken. Im Gegenteil, lassen Sie sich in diesen inneren Raum voller Vertrauen fallen. Es gibt nichts zu befürchten: So wie Gold durch Feuer gereinigt wird, so geschieht auch diese Wandlung mit einer Art von göttlichem Feuer.

Wenn wir die Chance suchen, wieder zu unserer inneren Unschuld zurückzufinden, und die aufoktroyierten Verhaltensweisen unseres vergangenen Lebens abstreifen wollen, dürfen wir diesen Augenblick nicht verstreichen lassen.

Leben ist immer in Bewegung; lebendig zu sein heißt, sich unentwegt im Wandel zu befinden. Nur wenn wir innerlich stagnieren und unsere Lebensenergien manipulieren, indem wir unseren Egowünschen zuviel Raum geben, treten wir in Phasen der Erschöpfung und Mutlosigkeit ein. Hier hilft uns ›Die Verwandlung‹, blockierte Strömungen in uns wieder in Gang zu bringen und damit aufleben zu lassen.

Wir dürfen und müssen uns sogar getrost diesem Prozeß der Reinigung von altem in uns hingeben. Ohne diese Reinigung kann es keinen Neubeginn geben. Sobald wir das einmal ganz tief erkannt haben, leitet uns die innewohnende natürliche Intelligenz ganz von selbst in unsere neue Lebensrichtung.

MÄSSIGKEIT

Die vierzehnte Karte heißt DAS MASS, DIE FÜHRUNG,
DIE ZWEI URNEN oder KUNST. In ihr kommt jenes Stadium
der Entwicklung zum Ausdruck, das der großen
Verwandlung der Karte 13 folgt. Nun erfährt der Mensch,
der in den meisten Decks als halb Mensch
und halb Engel dargestellt wird, daß nach und über
dem Tod eine geistige Wirklichkeit existiert, in
der das Bewußtsein nicht erloschen ist, sondern vielmehr
erst richtig zu erblühen beginnt. Der Mensch
ist seinem Wesen näher, er erlebt, wie das ›Wasser des
Lebens‹ aus höheren Dimensionen immerfort in
die Schöpfung fließt und sie beseelt. Es handelt sich um
eine ›Alchimie‹ der Verwandlung göttlicher
oder kosmischer Kräfte in irdische Formen, an der wir
nun teilhaben dürfen.

14 DAS MASS
Stichworte zur Interpretation

Astrologische Entsprechung
Das Zeichen Waage symbolisiert Ästhetik und Harmoniestreben, wie sie auch in der Tarotkarte ›Das Maß‹ zu finden sind.

Numerologische Bedeutung
Die 14 bildet in der Quersumme eine 5, stellt also sowohl die menschliche Willensfreiheit als auch das fünfte Element, Äther, in einer höheren Dimension dar. Die 14 steht demnach für Handlungsweisen, die mehr vom Geist als vom Gemüt geprägt sind.

Chance und Aufgabe
Jetzt können Sie sich als das erkennen, was Sie wirklich sind: Geist und Bewußtsein! Sie können sich jetzt für die höheren, ›feinstofflichen‹ oder formlosen Ebenen des Seins öffnen und daraus bewußt neue Kraft ›tanken‹, sich aufladen lassen und sich durch eine überpersönliche Sinnerfahrung leiten lassen.

Liebe und Partnerschaft
Sie suchen nach einem Gleichgewicht zwischen persönlicher Zuneigung und überpersönlicher Seelenbeziehung.

Lebensfreude und Kreativität
Sie vermögen nun, feinsinnigen Empfindungen einen angemessenen künstlerischen Ausdruck zu verleihen oder solche Kunstwerke ganz tief auf sich einwirken zu lassen.

Geld und Beruf
Stimmen Sie sich auf das rechte Maß zwischen materiellem Erfolg und geistiger Erfüllung ein. Bitten Sie um Fingerzeige dafür.

Urlaub und Reisen
Nehmen Sie an solchen Messen oder anderen religiösen Zeremonien teil, die sich für Sie dazu eignen, Ihr göttliches Erbe aufleuchten zu lassen und einen Anker im Himmel zu werfen.

Die Kunst, das Maß
zu finden ...

Es ist eine Kunst, Maß zu halten! Die Karte 14 im Crowley-Tarot heißt ›Kunst‹, die des Tarots der Liebe ›Maß‹, und so ergänzt sich das Bild. Nun hat die wahre Arbeit im Inneren begonnen. Anima und Animus können sich begegnen. Männliche und weibliche Energien verschmelzen zu einer harmonischen Einheit. Es geht um Maßhalten, es geht um innere Balance!

Diese neue Phase hat die Arbeit verinnerlicht. Selbst wenn das Gefühl auftaucht, daß nichts in der äußeren Welt passiert, so sind wir doch ganz tief drinnen als Alchimisten tätig... Wachstumsprozesse finden gern unter Ausschluß der Öffentlichkeit statt. Es vermindert die Energie, wenn man zu früh zum Beispiel von einem neuen Plan berichtet. Wir lernen, auch in Sprache und Selbstausdruck Maß zu halten. Extreme Situationen ziehen uns weniger an als früher. Eine gute Phase für jede Frau, eine Zeit des Alleinseins zu durchleben und die Angst davor zu verlieren.

Eine Zeit der Selbsterkenntnis, wir übernehmen die Verantwortung für uns und unser Leben in der Gesellschaft. Schuldzuweisungen an andere für unser eigenes Schicksal werden ungültig. Wir erkennen unser Mitwirken an der gegebenen Situation, in der wir uns im Moment befinden. Solange wir anderen die Macht über unser Schicksal geben, solange haben wir die Ausrede, daß andere an unserem Mißgeschick Schuld tragen.

Die ›Kunst‹ oder das ›Maß‹ lassen uns tiefer in die Geschehnisse um uns herum blicken. Wir handeln gelassener und ausgeglichener in unseren Entscheidungen. Vorurteile werden als solche erkannt und fallengelassen. Wir beginnen in unserer ganz persönlichen, privaten Welt Ordnung zu schaffen und einen ausgewogeneren Lebensstil anzustreben.

Eine bewegte, kreative Zeit, in der innerlich auf allen Ebenen unseres Wesen viel Energie in Bewegung ist und wir die Möglichkeit haben, unsere innere Balance wiederzuentdecken.

Wir haben die Gelegenheit, harmonisch in unseren Beziehungen mit Freunden und zur Außenwelt zu wirken, da wir selbst diese Harmonisierung in uns wirken lassen. Wir genießen auch die kleinen Freuden in unserem Leben, üben uns etwas mehr in Bescheidenheit und genießen die Schönheit eines vereinfachten Daseins.

Die Kunst, das Maß zu halten, kann zu unserer wirksamsten Meditation werden! Eine neue Art der tiefen inneren Erfüllung kann sich in uns verwirklichen, wenn wir sowohl männlichen wie weiblichen Energien Raum zur Entfaltung zugestehen. Wir suchen dann nicht mehr so fanatisch in der äußeren Welt nach dem einzigen passenden Partner. Wir erkennen, daß wir unsere inneren Energien vermählen können und eins werden lassen können, indem wir nicht weiter den Zwiespalt nähren, der uns seit Anbeginn unseres Daseins eingetrichtert wurde.

Der TEUFEL

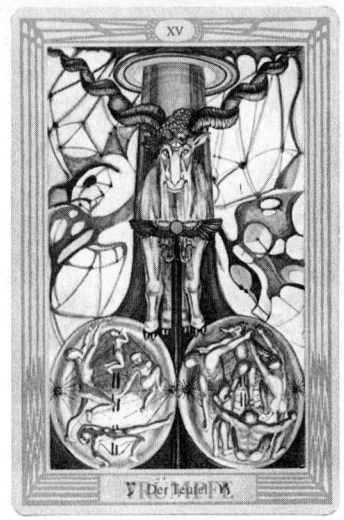

☿ Der Teufel ♑

Ist die fünfzehnte Tarotkarte DER TEUFEL oder DÄMON, oder nennt man sie besser DIE VERSUCHUNG oder DIE VERSTRICKUNG? Die meisten mittelalterlichen oder okkulten Decks zeigen eine Teufelsgestalt mit mehr oder weniger ausgeprägten sexuellen Aspekten, die zwei aneinander geketteten Menschen in ihrer Macht hält. Das Tarot der weisen Frauen nennt die Karte DIE VERSUCHUNG und zeigt ein junges Liebespaar inmitten einer Natur, in der Blitz, Schlange, Fuchs und ein Sack voller Gold neben der eindeutig sexuellen Versuchung eine Rolle spielen. Im Tarot der Liebe sehen wir indessen zwei Beine, die auseinanderstreben, und zwei Arme, die sich gleichzeitig aneinander festhalten. Macht durch Lust, Perversion und Gewalt, scheinbar äußere böse Mächte – das sind typische Themen dieser Karte. Ich meine jedoch, daß es keine äußeren Teufel gibt, sondern nur unsere eigene, innere Verhaftung und eben Verstrickung. Sie bewirkt, daß wir nicht wirklich loslassen wollen, was uns schadet und uns noch nicht wirklich um das bemühen, was uns wahrhaft nützt. Entsprechend haben wir auch die selbstverursachten karmischen Reaktionen zu tragen.

15 Die Verstrickung
Stichworte zur Interpretation

Astrologische Entsprechung
Das Zeichen Skorpion ist eigentlich ein Doppelzeichen: Die Gestalt des gefährlichen Skorpions, solange wir in der Materie verstrickt bleiben, wandelt sich zum Phönix, der aus der Asche überwundenen Leids auftaucht, sobald wir die göttliche Seelenheimat erkennen.

Numerologische Bedeutung
In der 15 steckt eine Form der 6, die nicht mehr nur schöpferische Leichtigkeit und sinnliche Lebensfreude atmet, sondern die Folgen einer zu dichten Verstrickung in materielle Aspekte offenbart.

Chance und Aufgabe
Schauen Sie sich einmal ganz vorurteilslos an, wo Sie verstrickt sind: Welchen Menschen sind Sie verhaftet, an welche Werte klammern Sie sich, welche Ideale verfolgen Sie fast fanatisch? Und prüfen Sie dann, ob diese Haltung Ihnen nutzt oder schadet. Es liegt danach an Ihnen, ob Sie etwas verändern oder nicht!

Liebe und Partnerschaft
Sagen und denken Sie nicht: »Du gehörst mir«, sondern lieber: »Du bist bei mir.« Verändern Sie in Ihrer Beziehung, was notwendig ist, besser selbst, bevor es das Leben ungebeten für Sie tut.

Lebensfreude und Kreativität
Suchen Sie nach Sinn und lassen Sie sich auf jenen Strom des Lebens ein, der Ihr Bedürfnis nach Sinn erfüllt.

Geld und Beruf
Vorsicht vor gar zu verlockenden Angeboten, wie man angeblich über Nacht zum Millionär wird. Auch finanzielle Energien sollten fließen – wir können nichts festhalten, ›das letzte Hemd‹ hat keine Taschen.

Urlaub und Reisen
Ruhe! Es muß nicht immer gleich die Niagarafälle runtergehen.

Selbstgeschaffene Teufelsbilder ...

Wenn sich der Teufel oder die Verstrickung in unserem Leben bemerkbar macht, indem es emotional um uns immer enger und dichter wird, dann wissen wir: Es ist Zeit, diesem inneren Gebundensein Einhalt zu gebieten.

Jeder Wunsch, jede Sehnsucht wirkt mit an dieser Verstrickung unseres Karmas in diesem Leben. Hier machen sich besonders sexuelle Kräfte bemerkbar, die in verdrängter, extremer oder sonst irgendwie falscher Weise zum Ausdruck kommen. Wir erkennen, daß wir an der Materie, an der Form haften, besonders an den Formen anderer Wesen, die uns vielleicht auf verführerische Weise in einen inneren Tiefschlaf locken...

Wir fühlen eine gewisse Attraktion zu Menschen, deren Einfluß nicht positiv ist, oder wir verlieben uns Hals über Kopf in einen Menschen, von dem wir innerlich im Grunde genau wissen, daß er überhaupt nicht zu uns paßt.

Wir projizieren auf den Partner unsere eigenen Gelüste und Ängste. Wir verwickeln uns immer mehr in einen Traum, aus dem wir letztlich doch aufwachen müssen. Eine perfekte Zeit, um unsere Partnerschaft in dieser Hinsicht zu prüfen!

Natürlich haften wir an allem möglichen fest, sobald wir in diesem Körper inkarnieren, an Formen, Gefühlen, Gedanken, Wünschen, Hoffnungen, Sehnsüchten, Sorgen, Ängsten... und natürlich auch in gewisser Weise an der Materie. Wir sind auch aus Fleisch und Blut! Zumindest unser Körper ist es, und dieser Körper hat seine eigenen Wünsche, die gelebt werden wollen.

Ich bin ganz und gar nicht dafür, gegen den Körper zu handeln. Doch wenn wir wirklich erwachsen werden wollen, müssen wir lernen, nicht jedem Impuls nachzugeben. Es ist gut und schön, im Augenblick zu leben und sich dem Moment voll und ganz hinzugeben, aber in der heutigen Zeit ist ein Kondom in jeder Damenhandtasche ein Ausdruck von erwachendem Bewußtsein!

In Wirklichkeit gibt es keinen Teufel. Er ist Menschenwerk und erfüllt die wichtige Rollen der dunklen, ›bösen‹ Energie, gegen die wir dauernd anzukämpfen haben. Er symbolisiert das gefallene Licht, die Unbewußtheit, die jeden von uns zu bestimmten Zeiten einhüllen kann.

Diese Karte ist eine kleine Warnung, es vielleicht nicht weiter zu übertreiben und die irdischen Genüsse eine Weile etwas herunterzuschrauben. Heute gibt es Kurse für emotional Süchtige, die zu sehr an ihren Partnern hängen, obwohl die Beziehung tot ist, in denen man lernen kann, das Suchtverhalten zu erkennen und damit verstehen zu lernen – und wenn die Sache innerlich genügend verdaut ist, gehenzulassen.

Es gibt möglicherweise einen Bereich in unserem Leben, den diese Karte widerspiegelt. Prüfen Sie, was es für Sie persönlich heißen könnte, diese Karte in Ihrem Reading vorzufinden. Sie gibt einen wichtigen Anstoß zu sehen, wo unsere Energien hinfließen und damit unsere Aufmerksamkeit mit sich ziehen. Was suchen wir bei einer bestimmten Person? Wieso hängen wir zum Beispiel so sehr an einem Platz, der eigentlich überlebt ist, aber immer noch den Traum der Sicherheit vorspiegelt? Schauen Sie nach, wo Sie ›festhängen‹, und haben Sie die Kraft und das Vertrauen, loszulassen!

Diese Karte zeigt häufig einen gefängnisähnlichen
Turm, der durch einen Blitz aus fast heiterem Himmel so
zerstört wird, daß die im Innern befindlichen
Personen herunterfallen und in der Luft Masken und
Gewänder verlieren. Crowley nennt die Karte auch
KRIEG, sonst heißt sie DER TURM, DAS HAUS GOTTES oder DER
BLITZ. Was auf der letzten Etappe bei Karte 15 nicht freiwillig
geleistet wurde, erfolgt hier erzwungenermaßen: Ein festes
Gebäude von Gedanken, Gefühlen, Gewohnheiten
und Suchtverhaltensweisen, das sich längst zum Gefängnis
entwickelt hat, wird von außen her zerstört. Die
Menschen drinnen, die nicht die Kraft hatten, allein
herauszukommen, werden nun herausgeschleudert und verlieren dabei die Masken ihrer Rollenspiele
und vermeintlichen Identitäten.

16 DER BLITZ
Stichworte zur Interpretation

Astrologische Entsprechung
Uranus zeigt im Horoskop an, wo am ehesten mit plötzlichen Eingriffen, mit überraschenden, auch ›gewaltsamen‹ Veränderungen zu rechnen ist – die oft erst die Basis für Neues schaffen.

Numerologische Bedeutung
In der Zahl 16 ist die höhere Oktave der Zahl 7 verborgen; es geht also um unfreiwillige Entscheidungen und Wendungen im Schicksal.

Chance und Aufgabe
Was wir alleine nicht geschafft haben – uns von allzu liebgewordenen Verstrickungen zu befreien, die aber auf die Dauer süchtig machen –, übernimmt nun eine vermeintlich von außen kommende ›himmlische‹ Kraft mit Donnerhall. Freuen Sie sich auf eine neue Chance im Leben, auch wenn Sie zunächst erschrecken.

Liebe und Partnerschaft
Was in der Beziehung nicht gestimmt hat, wird jetzt mit einer Schärfe offenbar, vor der wir zurückzucken mögen. Ergreifen Sie jedoch die seltene Gelegenheit, endlich einmal (fast) alles von Grund auf zu klären und ohne Masken einen Neuanfang zu machen.

Lebensfreude und Kreativität
Ihre Lebensfreude wird ziemlich unfreiwillig auf die Probe gestellt: Können Sie auch im vorübergehenden Chaos und unter völlig neuen Bedingungen spüren, was schöpferische Arbeit ist?

Geld und Beruf
Totale Veränderungen, die nicht direkt ›verschuldet‹ sind – sowohl zum ›Guten‹ als zum ›Schlechten‹. Sie wissen ja allerdings bereits, daß Gewinn und Verlust ziemlich relativ sind.

Urlaub und Reisen
Sehr verständlich, wenn Sie jetzt am liebsten nur Reisen unternehmen, bei denen Sie keine großen Aufregungen riskieren.

Wenn der Blitz einschlägt ...

Bei Crowley der Turm, im Tarot der Liebe der Blitz: beides sind starke Symbole der Urkraft. Aus dem Turm, in den der Blitz eingeschlagen hat, speien Flammen heraus und die Wände brechen über uns zusammen – wir werden aus einem sicher geglaubten Hort herausgeschleudert.

Wenn das Schicksal über Ihnen zusammenzubrechen scheint, sollten Sie im Augenblick an nichts festhalten. Alles ist in Bewegung, Dinge, Menschen und Situationen können sich rasch und ohne viel Vorwarnung ändern und sogar aus Ihrem Lebensraum verschwinden.

Sollten Sie sich in einer Lage befinden, in der Sie immer noch gegen besseres Wissen und Verständnis handeln, indem Sie nicht von allein loslassen wollen, so wird das der Blitz von sich aus bewirken. Schmerz entsteht dann, wenn wir immer noch an überlebten Situationen haften und uns nicht lösen wollen. Sie brauchen nicht zu leiden, wenn Sie dies verstehen. Das Feuer und der Blitz wird schlagartig eingreifen, alle Barrikaden der Persönlichkeit durchbrechen und alte Strukturen auflösen.

Es ist klug, sich nicht gegen diese machtvollen Energien aufzulehnen. Alles, was nicht mehr in Ihr Leben paßt und was Sie insgeheim vielleicht schon lange ändern wollten, kann jetzt in Bewegung geraten und Raum machen für Neues. Dieser Aspekt kann eine stürmische Zeit in der Partnerschaft andeuten, durch die Sie aber sicheren Schrittes gehen können, wenn Sie nicht unrealistischen Ideen und Träumen nachjammern.

Zeigen Sie Mut! All das, was wirklich zu Ihnen gehört, wird bei Ihnen bleiben. Sie brauchen keinen Schritt nach außen zu tun, bleiben Sie innerlich bei sich und lassen Sie vertrauensvoll los.

Diese Zeit ist fast wie eine ›göttliche Reinigung‹, die Sie von allem alten mentalen und materiellen Ballast befreien kann. Der Kosmos schickt Ihnen den Blitz zur Hilfe. Gehen Sie mit der Energie, die Sie im Augenblick fühlen, und zweifeln Sie nicht an einem sich letztlich positiv auf Ihr Leben auswirkenden Wandel.

Selbst wenn Sie eine Weile keinen rechten Boden unter den Füßen haben, gehen Sie getrost weiter; sobald der Blitz seine Arbeit getan hat, werden Sie sich in Ihrer Umwelt mehr als je zu Hause fühlen.

Sie werden erkennen, daß diese Phase eine Zeit der regelrechten Entlastung Ihres Wesens bedeutete und daß Sie nun, leichter und mit weniger Gepäck, mehr Freude in sich spüren auf Ihrem weiteren Lebensweg.

Der Turm oder der Blitz signalisiert immer eine sehr intensive, fast chaotische Zeit, nichts steht still, unerwartete Veränderungen geschehen plötzlich und unerwartet und schlagartig. Dadurch müssen wir uns aber nicht aus der Ruhe bringen lassen! Im Gegenteil, benutzen Sie diese Zeit ganz besonders auch zur Meditation. Denn Sie brauchen gerade jetzt im Zentrum des Tornados stille, ruhige Stunden, um all den Wechsel verarbeiten und verdauen zu können. Besonders Zwillinge sollten jetzt achtgeben, nicht zu überdreht und schnell zu handeln. Fließen Sie mit Ihrem Lebensstrom, geben Sie sich ihm hin, erlauben Sie die positiven Veränderungen in Ihrem Leben.

Diese Karte heißt in allen Tarotdecks DER STERN.
Und alle stimmen in ihrer durchwegs positiven Darstellung
überein: Die hier gezeigte Frauengestalt, oft
im Evaskostüm, bringt die sternenfunkelnde Hoffnung
ferner Himmelsweiten zu uns Menschen auf die
Erde und gießt ein Füllhorn an kosmischen Segnungen aus.
Die Bilder strahlen Erwartung und Harmonie,
menschliche Öffnung für das Höhere und schöpferische
Einheit des Ganzen aus.

17 DER STERN
Stichworte zur Interpretation

Astrologische Entsprechung
Neptun spiegelt etwas von der empfindsamen Energie, die sich für die Magie der seelischen Inspiration und des kosmischen Lichts öffnet und diese Kräfte auch auf dem Planeten wirken läßt.

Numerologische Bedeutung
Hier finden wir die Zahl 8 auf einer höheren Ebene, die sich in der Primzahl 17 keineswegs sofort zeigt. Gefühlsmäßig ist die 17 vermutlich ›schwieriger‹ als die 8, tatsächlich aber ist sie nachhaltiger wirksam, wenn auch ›langsamer‹.

Chance und Aufgabe
Obwohl Waite das explizit bestreitet, halte ich den Stern für ein Symbol der Hoffnung. Wenn in Ihrem Leben eine ›Göttin der Hoffnung‹ auftaucht, sollten Sie ihr wenigstens einmal zuhören und sie nicht als ›Hirngespinst‹ abtun. Seien Sie offen für das Numinose, für die ätherischen Qualitäten des Lebens, für die Verheißung einer göttlichen Bestimmung, auch für Sie!

Liebe und Partnerschaft
Neue Hoffnung, neue Liebe, neues Glück... Was gäbe es da noch viel zu sagen, außer, daß Sie es bitte nicht verspielen sollten?

Lebensfreude und Kreativität
Geben Sie der Inspiration aus überpersönlichen Bewußtseinsschichten eine Chance. Öffnen Sie sich für das Licht der Seele, das Sie auf Ihrem weiteren Weg führen will und kann.

Geld und Beruf
Sie können mit guten neuen Gelegenheiten rechnen, auf ›wunderbare‹ Weise echte materielle Bedürfnisse zu erfüllen.

Urlaub und Reisen
Greifen Sie nach den Sternen! Sie müssen ja nicht gleich auf den Mond fahren. Suchen Sie jedoch Orte der Harmonie und Weisheit auf.

Wenn ein ferner Stern seinen Hoffnungsschimmer schickt...

Wenn Ihnen der Stern nun neue Hoffnungen, Einblicke, Träume und Visionen schickt, öffnen Sie sich dieser positiven Energie! Ein gutes Zeichen für Sie und Ihre innere Arbeit. Sie sind imstande, kosmische Energien zu empfangen, für sich zu nutzen und auch anderen Menschen weiterzugeben. Ein Füllhorn des Glücks kann sich über Sie ergießen, wenn Sie bereit sind, es mit anderen zu teilen. Durch diesen Vorgang des Teilens erfahren Sie, wie der Himmel immer mehr und mehr aus seinem Füllhorn zu Ihnen schickt.

Eine gute Zeit, einen neuen Menschen zu finden, der seine Herzensangelegenheiten mit Ihnen teilen möchte. Vertrauen Sie Ihrer inneren Vision, sehen Sie mit Ihrem Herzen und nicht allein mit Ihren Augen. Viele gute Dinge sind unsichtbar. Es gibt immer wieder Zeiten im Leben, in denen wir die Chance haben, unseren Horizont zu erweitern. Jetzt ist so eine Zeit. Verpassen Sie sie nicht, indem Sie alten Sorgen und bedrückenden Gedanken Raum geben! Lassen Sie sich von höheren Energien leiten und vertrauen Sie dieser Energie, die uns immer wieder bewußt macht, daß es mehr gibt als nur die Materie. Erinnern Sie sich an Ihre Träume, schreiben Sie sie auf, Zukunftsvisionen sind möglich in dieser Phase.

Wenn Sie in einer Partnerschaft sind, deutet der Stern eine günstige Zeit an, um Ihre Beziehung zu vertiefen, indem Sie sich Ihrem Partner noch mehr öffnen und mit aller Ehrlichkeit austauschen. Glücksbringende Kräfte stehen Ihnen zur

Seite, Sie haben Ihre Verbindung mit dem Himmel wiedergefunden. Nun seien Sie nicht geizig mit sich oder anderen! Desto mehr Gutes kommt auf Sie zu, je offener und großzügiger Sie sich zeigen.

Überlebensängste sind im Augenblick nicht dran, also verschwenden Sie keinerlei Energie in dieser Richtung. Es wird für Sie gesorgt, auf allen Ebenen. Seien Sie sich darüber stets im klaren. Erkennen Sie von Eltern, Verwandten und Lehrern übernommene Muster und Denkweisen und legen Sie sie ab.

Der Stern ist ein Himmelsgeschenk, alle Pforten stehen Ihnen jetzt offen, und dort, wo Ihre Aufmerksamkeit am meisten weilt, dort erhalten Sie neue Energie. Erkennen Sie, daß Bewußtsein und Aufmerksamkeit Energie ist, und daß Sie diese Energie auch weiterleiten können, indem Sie sie auf die Bereiche in Ihrem Leben fokussieren, in denen Sie sich verwirklichen wollen.

Hellsichtigkeit kann in dieser Phase auftreten; fürchten Sie sich nicht, sondern erlauben Sie die Entwicklung höherer Einsichten. Ihr wahres Wesen wird seine Flügel ausbreiten und Ihnen Dinge enthüllen, von denen Sie bislang noch nicht einmal zu träumen wagten!

Und vergessen Sie nicht das ausgewogene Geben und Nehmen in dieser Situation. Sie müssen sich nicht aufdrängen, aber teilen Sie Ihr Wissen, geben Sie Ihren Rat, wenn Sie darum gebeten werden.

Ein Skarabäus oder ein Krebs macht sich auf den Weg
aus dem Wasser zum Mond, der ihn zu rufen
scheint – zwischen zwei Wächterhunden und zwei Türmen
hindurch und über eine weite Wüste. Im Tarot der
weisen Frauen heißt diese Karte ILLUSION, was ihr leider gleich
eine negative Besetzung gibt. Eher wäre das Wort
SEHNSUCHT passend, das ja auch die Möglichkeit der Täu-
schung beinhaltet. Der Mond wandelt laufend die
Gestalt, die wir von ihm sehen. Das macht seine Unbeständig-
keit aus. Er reflektiert das Licht der Sonne mit
weichem, weißen Glanz, und das bewirkt seinen Zauber.
Er erinnert auch in der Nacht an die Existenz des
Lichts und ruft uns so in unsere wahre Heimat, ins Licht
der Schöpferkraft.

18 DER MOND
Stichworte zur Interpretation

Astrologische Entsprechung
Der Mond ist natürlich die astrologische Entsprechung zu dieser Karte. Im Schlüsselwort Sehnsucht finden wir auch den Begriff Suche, die beide sowohl den Mond als auch die Karte kennzeichnen.

Numerologische Bedeutung
Mit der 9 als Quersumme von 18 erhalten wir einen Hinweis darauf, daß mit dieser Karte ein Zyklus abgeschlossen und vollendet wird: der Zyklus der Suche und des ›Auf-dem-Weg-Seins‹. Während die 9 auf der Erde und in der Materie sucht, weiß die 18, daß die Vollkommenheit im Himmel, im Geiste zu finden ist.

Chance und Aufgabe
Geben Sie Ihre Suche nie auf, auch wenn Sie x-mal irren mögen! Blicken Sie immer wieder, auch in den Nächten Ihres Lebens, hinauf zum Himmel und lassen Sie sich vom Mondlicht inspirieren und daran erinnern, daß Licht auch dann scheint, wenn unsere äußeren Augen es zeitweise vielleicht nicht sehen können. Suchen Sie innen!

Liebe und Partnerschaft
Jede Beziehung spiegelt die dunkle Neumondphase, in der sich etwas Neues erst entwickelt, den zunehmenden vielversprechenden Halbmond, den erfüllenden Vollmond und den melancholischen, abnehmenden Halbmond wider. Dieser Wandel ist naturgegeben!

Lebensfreude und Kreativität
Nehmen Sie den Wandel des Lebens an wie das ewige Auf und Ab der Gezeiten, die Ebbe und Flut von Gefühlen und Impulsen.

Geld und Beruf
Eine konservative Einstellung zu Werten und Besitz wird jetzt mehr Stabilität und ›Gewinn‹ bringen, als wenn Sie zuviel riskieren.

Urlaub und Reisen
Meditation mit dem inneren Licht ist jetzt der beste Urlaub.

Die Königin der Nacht ...

Wenn der Mond Ihnen nachts mit seinem geheimnisvollen Licht die Bilder Ihrer Seele widerspiegelt und Ihre Innenwelten zu neuem Leben erweckt, lassen Sie sich in sein Zauberreich tragen!

Bei vielen Tarotdecks wird der Mond leider als düstere Energie gedeutet, ich empfinde das nicht so. Keine Tarotkarte ist ›negativ‹. Der Mond besitzt zwar kein eigenes Licht, sondern spiegelt das Licht der Sonne wider, aber wir alle – und besonders wir Frauen – kennen die magische Anziehungskraft des Vollmondes, der nicht nur die Weltenmeere beeinflußt, Austern zum Wachstum anregt, Menstruationszyklen bestimmt und sich auf unzähligen Ebenen des Lebens auf uns auswirkt. Ich zum Beispiel fühle mich bei Neumond nicht so energetisch aufgeladen wie bei zunehmendem Mond, und das mit absoluter Regelmäßigkeit. Die ›flauen‹ Tage sind immer um die mondlose Phase oder den ›Dunkelmond‹ bzw. Neumond. Bei Vollmond hingegen können viele Menschen nicht gut und tief genug schlafen und fühlen sich an- und aufgeregter als sonst. Der Zauber einer Mondnacht, die jeder Mensch und vor allem jedes Liebespaar zu schätzen weiß, ist tatsächlich erfüllt von überirdischer Schönheit, besonders wenn wir sie in freier Natur erleben.

Wir fühlen uns anders, wir empfinden tiefer, wir bemerken Energien und Gemütswallungen in uns, die sonst nicht auftreten. Wir haben uns zu magischen Wesen verwandelt mit Hilfe des geborgten Lichts des Mondes. Wir sehen tiefer in uns selbst hinein, wir erkennen jetzt vielleicht sogar, daß wir tatsächlich kosmische Wesen sind, die sich auf dieser Erde in einem Körper inkarniert haben ...

Mit dem milden Licht des Mondes tauchen wir ein in den magischen Teil unseres Wesens und erleben eine spontane Erweiterung unseres Bewußtseins. Es sind vor allem Menschen, die vor Dunkelheit und vor allem Unsichtbaren Angst haben, die den Mond negativ einstufen.

So wie es eine sichtbare Realität gibt, so existiert auch eine unsichtbare Realität, die genauso ›real‹ ist wie unsere materielle Welt. Materialisten fürchten sich deshalb und glauben nicht an unsichtbare Welten. Mit dem Mond haben Sie die Chance, mit diesen unsichtbaren Welten in Verbindung zu treten und auf tiefen Ebenen den Sinn Ihres Daseins zu erfahren. Der Mond ist die absolute Weiblichkeit in uns und besonders für uns Frauen von starker Bedeutung und Aussagekraft.

Nehmen Sie Ihre weiblichen Kräfte mehr an, versuchen Sie nicht, Ihrem inneren Animus Konkurrenz zu machen. Kämpfen Sie aber auch nicht gegen die Frau in Ihnen! Erkennen Sie lieber, wie wichtig diese weiblichen Qualitäten sind, die Sie vielleicht manchmal in sich ablehnen!

Für mich gibt es keine nur männlichen oder nur weiblichen Qualitäten. Der Zorn einer Frau kann gewaltiger sein als der jedes Mannes, und ich habe echte Weichheit und Hingebungskraft in Männern erlebt, wie sie nicht jede Frau besitzt. Und trotzdem: Besonders der Mond erinnert Sie an Ihr wahres Frau-Sein. Wir müssen nicht zu Männern werden und ihnen nacheifern, es genügt, uns daran zu erinnern, was es bedeutet, eine echte Frau zu sein!

Die SONNE

Die Sonne

Eine Sonne überstrahlt eine glückliche Welt,
in der zwei junge Menschen, manchmal auch zwei nackte
Kinder, aufeinanderzugehen oder miteinander spielen.
Auf einigen Decks strecken die Menschen die Hände
zur Sonne empor, als ob sie sie dankbar begrüßen. Eine
Mauer signalisiert irdische Festigkeit und Schutz
oder Geborgenheit. Man findet bisweilen die zwölf Zeichen
des Tierkreises im Rund in den Himmel geschrieben.
Im Waite-Tarot reitet ein unbekleidetes Kind auf einem Pferd
und entfaltet eine rote Standarte. ›Kinder unter der
Sonne‹ sind Sinnbild für eine Wiederherstellung oder Wieder-
erlangung einer Art ›Paradies auf Erden‹, das sich am
Ende der archetypischen Entwicklungsreise des Menschen
durch die Urbilder der großen Arcana als Höhepunkt der irdischen Entfaltung einstellt. Danach kommt
der Übergang in Bewußtseinsebenen, die jenseits
der Erde liegen.

19 DIE SONNE
Stichworte zur Interpretation

Astrologische Entsprechung
Die Sonne hat im Horoskop eine zentrale Stelle inne. Dort symbolisiert sie Vitalität, Lebenswillen und Selbstvertrauen. Im Tarot nimmt die Karte DIE SONNE keinen derart wichtigen Platz ein, sondern ist eine Karte unter anderen.

Numerologische Bedeutung
Die Zahl 19 ist zwei Oktaven höher als die 1, eine höher als die 10; sie bedeutet einen Willensausdruck, der nach ersten Erfolgen und Rückschlägen nun eine sichere irdische Basis gefunden hat.

Chance und Aufgabe
Ihre Chance ist, sich endlich einmal selbstsicher und voller Lebensfreude entfalten zu können und zu entdecken, wie viele schöne Seiten Sie auf Ihrem Lebensweg erfahren können. Die Aufgabe besteht darin, mit dem Geist hinter der Materie verbunden zu bleiben.

Liebe und Partnerschaft
Sie können es sich richtig gutgehen lassen und das Leben in vollen Zügen genießen. Falls Sie das zwar ersehnen, sich aber blockiert fühlen, sollten Sie sich von diesen Blockaden trennen.

Lebensfreude und Kreativität
Das fröhlich leuchtende und wärmende Licht der Sonne verheißt Ihnen neue Vitalität, frische Kraft und belebende schöpferische Impulse, um Freude zu finden und Freude auszudrücken.

Geld und Beruf
Jetzt ergeben sich gute Gelegenheiten, in Fragen von Grundbesitz und Finanzanlagen Erfolge zu erzielen. Sie sollten die Zeit nutzen, etwas für Ihre materielle Sicherung zu tun.

Urlaub und Reisen
Tanken Sie wieder Sonne auf, fahren Sie dorthin, wo es hell, luftig, sonnig und rundherum positiv für Sie ist.

Wenn die Sonne lacht ...

Wenn Sie die Sonne in Ihrem Reading gezogen haben, steht Ihnen eine wunderbare, erfüllende Zeit auf allen Ebenen bevor. Zumindest haben Sie sich im Inneren dazu die Erlaubnis erteilt. Lassen Sie nun auch im Äußeren die Sonnenkraft des Glücks und der Harmonie wirken!

Legen Sie los und gestatten Sie einigen Wünschen, sich nun zu erfüllen; dies ist eine spezielle Gelegenheit dafür. Ein eventueller Kinderwunsch kann nun auch leichter in Erfüllung gehen, sowie eine erweiterte und gesteigerte Lebensqualität, die alle Bereiche Ihres Daseins mit einschließt. Die Sonne bestrahlt alles äußerst günstig für Sie in diesem Moment. Reiten Sie auf dieser Welle der lebensspendenden Energie und Wärme, die Sie nun fühlen dürfen – es steht Ihnen nichts im Weg!

Auch physisch laden Sie sich mit neuer Energie auf und geben diese überströmende neue Kraft auch gern an andere Menschen weiter. Ein Herzenswunsch, der schon lang in Ihnen schlummert, kann jetzt erfüllt werden und in Ihrem täglichen Leben zum Ausdruck kommen. Die Liebe hat Hoch-Zeit, und Sie fühlen sich wie neugeboren!

Die Sonnenkarte wirkt wie die Sonne für unseren Planeten: Sie erhält alles am Leben, sie stärkt, sie kräftigt, sie läßt Neues wachsen und gedeihen, und Sie spüren diese Kraft in allen Bereichen und Ebenen Ihres Seins.

Diese Glückssträhne treibt auch einige Sorgen ein für allemal aus Ihrem Bewußtsein, und Probleme lösen sich auf magische Art wie von selbst auf. Auch Aufenthalte und Reisen in sonnige Gegenden sind angezeigt, und Sie dürfen sich endlich den wohlverdienten körperlichen und geistigen Urlaub nehmen. In Ihrem Inneren lösen sich Verkrampfungen auf spielerische Weise und eröffnen Ihnen neue, ungeahnte Energiequellen. Eine positive Phase, die kreativ genutzt werden kann und viel Gutes in Partnerschaft und Freundschaften ermöglicht und für Sie bereithält.

Sie entdecken Ihr inneres Kind wieder, das nur darauf wartet, endlich einmal gehört und gelebt zu werden! Kaufen Sie sich das bunte Kleid, gönnen Sie sich etwas lang Aufgeschobenes, tanzen und singen Sie, wenn Sie sich so fühlen, lassen Sie der freudigen Energie freien Lauf.

Lassen Sie die eigene innere Sonne einmal richtig strahlen, öffnen Sie sich für neue Menschen in Ihrem Leben und sehen Sie die schönen und freundlichen Seiten an Ihrem Arbeitsplatz. Alles ist neutral, wir selbst geben den Dingen und Begebenheiten Sinn – und wenn Sie beginnen, mit frohen Augen in die Welt zu blicken, verwandelt sich auch alles und strahlt Ihre eigene Freude zurück.

Das einfache Wort ›Hab' Sonne im Herzen‹, paßt hier genau. Und wie oft vergessen wir diese Möglichkeit, wenn wir von Sorgen und unguten Gedanken umwölkt durchs Leben hasten ... Nichts ist so wichtig und wertvoll, daß es Ihre innere Freude in seinem Ausdruck behindern sollte. Lassen Sie Ihr wahres Wesen von innen her leuchten, und es wird tausendfach wieder auf Sie zurückstrahlen! Vielleicht in einem kleinen Lächeln eines Fremden, aus einer Blume aus Kinderhand, oder aus dem Herzen Ihres Geliebten.

Die zwanzigste Karte bringt nach Stern, Mond
und Sonne, die immer einheitlich so bezeichnet werden,
wieder eine große Variation an Benennungen:
DAS URTEIL, DAS JÜNGSTE GERICHT, DAS ÄON, KARMA, DER RUF
und DIE AUFERSTEHUNG. Bildthema ist fast immer
eine symbolische Trompete, die aus dem Himmel zur
Erde gerichtet wird und die Menschen ruft. Auf der
Erde sieht man Menschen in unterschiedlichen Alters-
gruppen, die von diesem Ruf geistig ›erweckt‹
werden. Manchmal gehen sie dabei wie durch einen
Jungbrunnen, der das ›ewige Leben‹ verleiht, Tote stehen
aus ihren Gräbern auf. Die Stimme des Himmels
erschallt unüberhörbar, jeder Mensch ist aufgerufen, das
in sich zu entdecken, was himmlischer und damit
überirdischer und unvergänglicher Natur ist.

20 DER RUF
Stichworte zur Interpretation

Astrologische Entsprechung
Saturn ist als ›Hüter der Schwelle‹ bekannt. Er wacht darüber, daß wir unserer Zeitlichkeit bewußt werden und uns auf den Übergang in andere, geistige Dimensionen in der rechten Weise vorbereiten.

Numerologische Bedeutung
Die Zahl 20 ist eine ›Begegnung der höheren Art‹, sie ist die Oktave zur 2. Wir begegnen nun nicht Menschen, sondern dem Licht des Himmels, das wir als Teil unserer selbst erkennen dürfen.

Chance und Aufgabe
Entdecken Sie, wer Sie wirklich sind. ›Mensch, erkenne dich selbst‹ stand über dem Orakel von Delphi. Flüchten Sie aber nicht in übertrieben ›ätherische‹ Schwärmereien, sondern bleiben Sie mit beiden Beinen auf dem Boden.

Liebe und Partnerschaft
Eine Zeit der Prüfung und Wandlung, in der Altes, was sich überlebt hat – Gedankenmuster, Gewohnheiten, Verhaltensweisen –, zurückgelassen werden muß und sich das Wesentliche, der Kern der Beziehung in aller Deutlichkeit zeigt. Wenn er echte seelische Verbundenheit ist, wird die Beziehung neu und intensiv erlebt.

Lebensfreude und Kreativität
Beschäftigen Sie sich mit transzendenten Themen, setzen Sie sich mit schöpferischen Ausdrucksformen auseinander, die überzeitliche und körperlose Aspekte des Seins darstellen.

Geld und Beruf
Wieder werden Sie eine Art Bilanz ziehen – ob freiwillig oder unfreiwillig, auf jeden Fall aber bewußt – und feststellen, welche Werte für Sie von Belang sind und welche Art von Gaben und Besitz auf dem Weg zu Ihrer wahren Bestimmung wirklich nützlich sind.

Urlaub und Reisen
Fahren Sie an einen stillen tiefen Bergsee oder einen anderen möglichst einsamen Platz. Vielleicht besuchen Sie auch einen alten Friedhof. Stimmen Sie sich ganz in die Stille ein und spüren Sie darin eine Lebensenergie, die nicht von dieser Welt ist.

Wenn das bisherige Leben Revue passiert und Sie den Ruf aus einer anderen Dimension hören ...

Wenn Sie Ihre innere Stimme zum erstenmal wirklich hören und den Ruf vernehmen, den Ihre Seele schickt, hören Sie genau hin.

Es gilt, das mundane Leben, unseren Alltag, hinter uns zu lassen, indem wir uns gedanklich nicht mehr so stark damit identifizieren.

Das Äon im Crowley-Deck spricht von unserem geistigen Wesen, dem Teil von uns, der für unsere physischen Augen unsichtbar ist. Ihr Energiekörper, Ihr Astralleib, hält durch seine Schwingungen Ihren sichtbaren Körper mit am Leben. Erspüren Sie seine Botschaft. Wenn Sie diesen Ruf vom Himmel erhalten, kommt es darauf an, auf Ihre feineren Schwingungen zu achten und nicht gegen sie zu handeln. Das heißt, daß Sie sich in dieser Periode nicht physisch überanstrengen sollten, damit Sie genügend Energien zur Verfügung haben, diese feineren Schwingungen zu fühlen und eventuell durch weniger Aktivitäten zu harmonisieren.

Lassen Sie alle weiteren nicht unbedingt nötigen äußeren Ablenkungen für eine Weile ruhen. Sie werden sich selbst dafür später danken!

Es ist auch eine Zeit, um zu erkennen, daß wahre Erfüllung niemals von außen kommen kann, sondern ein Zustand ist, der im Inneren entsteht und wächst. Die Chance einer kompletten Umwandlung unserer aktiven Energien ist jetzt möglich: die beste Zeit, um hinsichtlich der Vergangenheit endgültige Entscheidungen zu treffen und in der neuen

Richtung weiterzugehen. Beginnen Sie, Ihre wahren Kräfte in sich anzunehmen und zu fühlen. Da es keinen besseren Begriff in unserer Sprache gibt, muß ich sie ›Gotteskräfte‹ nennen, obwohl dieser Ausdruck leider mit Vorurteilen beladen ist. Sie wissen aber sicher, was damit gemeint ist.

Es mag sein, daß Sie sich in dieser Zeit von einer höheren Aufgabe gerufen fühlen. Machen Sie den Schritt darauf zu mit ganzem Herzen! Es gibt aber keinen Grund, alle Begebenheiten in unserem Leben nun unbedingt erklären zu müssen: Das Leben, die Natur, das Universum ist Gott sei Dank noch weiser als wir, und alle Versuche, es zu ›verbessern‹, können nur fehlschlagen.

Versuchen Sie, ohne logische Erklärungen auszukommen, wenn der Ruf ertönt. Haben Sie den Mut, dem Wunderbaren zu begegnen. Das Wunderbare in unserem Leben kommt nur dann, wenn wir es nicht logisch und sachlich und vom Verstand her beurteilen wollen.

Unser Kopf hat nur Fragen, aber niemals die Antwort. Das heißt nicht, daß die Antwort nicht in uns ist. Sie ist es, und zwar sehr deutlich, wenn wir unserer Stimme oder dem inneren Ruf folgen.

Lassen Sie sich nicht weiter so stark von äußeren Einflüssen leiten, hören Sie auf sich und das, was Sie möchten. Regelmäßige Zeiten der Ruhe und Entspannung sind angesagt. Es hilft bei der Sensibilisierung Ihres Körpers auf Schwingungen, die sich vielleicht nicht immer positiv auswirken. Ein einfaches Beispiel: Wenn Sie erschöpft und müde in ein Kaufhaus gehen, nehmen Sie viel schneller all die bedrückenden Gedankenformen Hunderter müder Hirne auf als sonst. Machen Sie sich bewußt, was gut für Sie ist und was nicht. Und HANDELN Sie dementsprechend.

Die WELT

Die Universum

Eine engelgleiche weibliche und nur von leichten
Schleiern umhüllte Gestalt tanzt inmitten eines Kranzes.
Um sie herum vier Köpfe als Symbole der vier
Apostel, der Menschenkopf, der des Adlers, des Stiers und
des Löwen. Diese Karte heißt meist DIE WELT, mitunter auch DAS ALL, DAS UNIVERSUM oder DIE SCHÖPFUNG.
Die zentrale Aussage aller Bildgestaltungen
ist, daß der Mensch seine Reise durch Lebensschicksal und
Sinnentfaltung nun durchlaufen und vollendet
hat und sich sowohl in seiner irdischen Formgebundenheit
als auch in seiner göttlichen Formlosigkeit erkennt.

21 DIE SCHÖPFUNG
Stichworte zur Interpretation

Astrologische Entsprechung
Im Zeichen Fische findet der Tierkreis seinen Abschluß und seine Vollendung. Hier ist der Mensch am offensten für die Innenwelten, für die Essenz des Leben, für die Seele.

Numerologische Bedeutung
In der Zahl 21 finden wir die schöpferische Dreiheit oder Dreieinigkeit, die sich nun jenseits der Dualitäten und Polaritäten manifestiert, in der Himmel und Erde eins sind.

Chance und Aufgabe
Waite spricht vom »Zustand der Seele im Bewußtsein der Göttlichen Schau«. Wir sollten uns darum zumindest zeitweise bemühen – in der (echten) Kunst, in der kontemplativen Beschaulichkeit, im Gebet, in der Meditation. Fatal wäre es, die Innenschau als etwas zu betrachten, was nur ›Meistern‹ zugänglich wäre. Im Gegenteil, es ist das Geburtsrecht jedes Menschen!

Liebe und Partnerschaft
Erfüllung in der Beziehung oder Erfüllung all-eins, ohne Beziehung.

Lebensfreude und Kreativität
Befreiung, Öffnung für überirdische Bewußtseinsebenen, Fortschritte auf dem Weg zum Licht werden jetzt leichtfallen.

Geld und Beruf
Erfolg, Lohn für Leistung, gelungene Abschlüsse sind einige Stichworte für diese Karte in diesem Bereich.

Urlaub und Reisen
Wohin auch immer Sie reisen wollen – jede äußere Reise ist auch eine Fahrt zu sich selbst. Das geschieht jedoch ganz von selbst, Sie brauchen nicht ›verbissen‹ einen ›sinnvollen‹ Urlaub zu planen.

Wenn sich die Welt
von einer ganz neuen Seite
zeigt ...

Wenn die Karte ›Die Welt‹ oder ›Die Schöpfung‹ in Ihrer Tarotsitzung eine völlig neue Lebensphase einleitet, seien Sie guten Mutes! Das Rad des Karmas hat sich ein gutes Stück mit Ihnen weitergedreht und präsentiert Ihnen nun einen nagelneuen Abschnitt in Ihrem Leben.

Diese Karte symbolisiert nicht nur den Beginn eines neuen Zyklus in Ihrem Leben, sondern sie kann der Vorbote einer wahren Metamorphose sein.

Im Berufsleben kann sie eine radikale Veränderung anzeigen. Sie folgen einer völlig neuen Be-rufung. Die Karte 20 signalisierte bereits diesen vollkommenen Wandel.

Ein wesentlich bewußter gelebtes Sein steht nun an. Jeder große Wechsel in unserem Leben bringt eine Form der Bewußtseinserweiterung mit sich. Wir können nicht stehenbleiben, wo wir sind, wenn das Universum an unsere Türe klopft. Wir können uns getrost diesen neu einströmenden höheren Energien überlassen und mit Schwung und Elan in unsere Zukunft schauen. Trauern Sie nicht mehr Vergangenem nach, Sie können daran nichts mehr ändern. Vergeben Sie sich für all das, was Sie in Ihren Augen falsch gemacht haben, und lassen Sie von allen alten Ängsten los, die Sie von diesem großen Schritt in einen neuen Zyklus abhalten könnten.

Bleiben Sie nicht stehen, Stagnation ist keine Sicherheit. Erlauben Sie den Veränderungen, die sich seit einiger Zeit angebahnt haben, vollen Lauf.

Diese Karte hilft Ihnen, aus Ihrer alten Haut zu schlüpfen

und eine neue Existenz zu beginnen. Trennungen, die schon lange anstanden, können jetzt relativ schmerzlos vollzogen werden. Wenn Sie eine Karriere als Ehefrau und Mutter gelebt haben und nun finden, daß es an der Zeit ist, auch Ihr ganz eigenes Leben zu leben, da die äußeren Verpflichtungen geringer geworden sind, dann ist dies der rechte Zeitpunkt.

Ich habe viele Frauen erlebt, die in diesem Augenblick wirklich den Mut hatten, zu sich zu stehen, und zum Beispiel eine Ehe verließen, die schon lange so gut wie tot war oder einen Orts- oder Berufswechsel vollzogen. Jetzt dürfen Sie den Sprung in ein anderes Dasein wagen. Es ist der Moment gekommen, Ihre alten Rollen fallenzulassen und sich auf eine frische Runde Ihres Lebens einzulassen.

Eine glückliche Verbindung mit einem neuen Partner ist nicht ausgeschlossen, wenn Sie sich voll und ganz dieser Metamorphose stellen und sich nicht in einen sicheren, aber toten Winkel absetzen.

Haben Sie den Mut zur Veränderung! Lassen Sie all die ungelebten Teile in sich zu Wort kommen und fürchten Sie sich nicht vor der Auflösung Ihrer Vergangenheit. Alles Schöne wird Sie auch weiter auf Ihrem Weg begleiten, und Sie erkennen Chaos als schöpferischen Akt im Chaos der Verwandlung.

Diese Karte trägt die Zahl 0 oder die Zahl 22,
manchmal auch gar keine. Sie heißt im Tarot der Liebe
DIE NARREN, weil zwei Menschen zu sehen sind,
Frau und Mann, die ihren ganz eigenen Lebensweg auf dem
Hochseil ihrer Beziehung beschreiten. Sonst heißt
diese Karte meist DER NARR, im Motherpeace Tarot DIE NÄRRIN
und im Ägyptischen Tarot DER UNEINGEWEIHTE (was den
einen Aspekt dieses Urbildes bezeichnet). Je nach Blickwinkel
erscheint die Gestalt auf der Karte 0 als sorglos-unbe-
kümmerter Hans-guck-in-die-Luft oder als ein Mensch, der
bewußt menschliche Konventionen hinter sich läßt.
Der Blick ist in den Himmel gerichtet, die Füße tragen die
Gestalt nahe an einen Abgrund, von dem der
Narr nichts zu ahnen scheint, ein kleiner Hund zwickt
ihn ins Bein, vielleicht, um ihn auf die Gefahr aufmerksam
zu machen, oder auch nur, um ihn in der Welt
zurückzuhalten. Das Bündel des Narren – auch er trägt noch
Karma mit sich herum, wenn auch wenig – ist klein
und scheint leicht.

0 Die Narren
Stichworte zur Interpretation

Astrologische Entsprechung
Merkur stellt die neutrale und androgyne Beweglichkeit dar, die wir auch in den Narren finden. Der Götterbote Merkur, der sich zwischen Himmel und Erde hin- und herbewegt, symbolisiert eine wichtige Funktion des Narren.

Numerologische Bedeutung
Die Zahl Null bezeichnet den formlosen Urzustand der Schöpferkraft, bevor sie sich in Raum und Zeit zeigte. Die Zahl 22 (wie die Karte Der Narr manchmal auch bezeichnet wird) ist eine sogenannte Meisterzahl, in der 2 x 11 steckt. In beiden Fällen geht es um eine Energie, die sich der Einordnung in übliche Schemata entzieht.

Chance und Aufgabe
Die größte Herausforderung der Narren ist, das richtige Maß innerer Gelöstheit und äußerer Anteilnahme, spiritueller Inspiration sowie materieller Erdung zu finden. Wenn die Narren nicht unentwickelt wie Kleinkinder oder töricht sind, dann tragen sie eine Vision höchster Lebensweisheit in sich und wirken, ohne zu wollen.

Liebe und Partnerschaft
Sie treffen einen Menschen, der Sie dazu einlädt, Ihre eigene Freiheit mehr zu erkennen und wirklich zu leben. Oder Sie treffen jetzt die Entscheidung, sich in irgendeiner Weise selbst zu befreien. In Ihrer Partnerschaft geht es jetzt um das Thema ›freie Selbstverwirklichung‹ – ungebunden zu sein, aber nicht bindungsunfähig, frei, aber nicht verantwortungslos. Liebe ist auch Spiel. Spielen Sie wieder!

Lebensfreude und Kreativität
Lassen Sie – vielleicht nur ›probehalber‹ – alle Dogmen, Theorien und (Vor-)Urteile zeitweise ganz los und lassen Sie sich ein ins große, wundervolle ›Nichts‹, in das Ungeschaffene, Formlose und Unbegrenzte, das in allem ist. Bewußtsein heißt bewußt zu sein, im Hier und Jetzt, nicht im Gestern oder Morgen.

Geld und Beruf
Entscheiden Sie sich endlich dazu, eine Arbeit zu finden und auszuüben, die Ihnen wirklich Spaß macht und gleichzeitig den notwendigen Lebensunterhalt sichert. Dazu müssen Sie zunächst eine geistige, gefühlsmäßige und humorvolle Balance finden oder entwickeln, die nur aus Ihnen selbst wachsen kann.

Urlaub und Reisen
Gönnen Sie sich den Sprung ins Ungewisse, wagen Sie die Fahrt ins Blaue, auch wenn es dann in Hawaii ganz grün wird, ganz weiß im Alpenschnee oder voller Regenbogen auf einer ›Mystic Journey‹ in New Mexico. Nehmen Sie Ihr Herz in die Hand und buchen Sie den Tenniskurs oder die Klavierstunden, an die Sie sich bislang nicht herangetraut haben.

Frei sein wie ein ›Narr‹...

Wenn die Narren Ihnen vormachen, wie Sie wirklich frei sein können, dann hören Sie auf deren Rat!
Der Narr ist für mich im Tarot die ›höchste‹ Karte, da er alles zur Verfügung hat, mit allem spielen und genießen kann, ohne daran festhalten zu müssen oder es zu besitzen. Der Narr ist tatsächlich frei.
Nähren Sie diese Qualität in Ihnen, indem Sie immer wieder üben, loszulassen. Beginnen Sie mit kleinen Dingen, die Erfolg bringen, und nicht mit großen, noch unlebbaren Vorstellungen, die nur Frustration nach sich ziehen. Erlauben Sie sich, ein Narr zu sein, leben Sie Ihre kindliche Unschuld und das Recht, wieder das Wunder in Ihrem Leben auferstehen zu lassen.
Die Narren zeigen einen sehr einfachen und einleuchtenden Lebensweg, den Stuart Wilde so beschrieben hat: »Life was never meant to be a struggle.« (Das Leben war nie als ein ständiger Kampf gemeint.) Die Gelöstheit der Narren erscheint uns nur dann suspekt, wenn wir in ihnen nur die vermeintlich verantwortungslosen und bindungsunfähigen Zeitgenossen sehen, die wir zwar heimlich beneiden wie bohemienhafte Lebenskünstler, die uns aber immer wie kurz vor dem Absturz in unheimliche Tiefen vorkommen. Wenn wir uns selbst mit Ihnen zu innig verbinden, laufen wir selber womöglich Gefahr – so befürchten wir – mit in die Tiefen hinabgerissen zu werden. Aber wohin sollte man im schwerelosen Zustand des Alls eigentlich fallen? Wo ist denn dort unten oder oben?
Der Narr ist mit nichts identifiziert, das ist seine Freiheit. Seine Energie fließt frei und ungehindert, da er keine Angst kennt. Er braucht keine Sicherheit, er weiß, daß er immer geborgen ist in seinem Spiel. Er kann allein sein, ohne sich ein-

sam zu fühlen, er ist in Kontakt mit sich selbst. Er hat alle falschen Bilder von sich, alle veralteten Masken abgelegt. Er ist wieder wie ein Kind. Seine Unschuld ist sein Schutz und seine Gnade, die er nun leben darf. Lassen Sie den Narren in sich wieder lebendig werden, und erkennen Sie seine tiefe Weisheit und das dazugehörige Vertrauen, welches ihn leitet.

In alten Zeiten war die Weisheit der Narren sehr gefragt, fast jeder König hatte einen sehr einflußreichen Narren bei sich am Hofe. Er erinnerte den König immer dann, wenn dieser seine Angelegenheiten zu ernst nahm, an eine andere Dimension des Lebens. Er neckte und spielte mit ihm, selbst auf die Gefahr hin, seinen Kopf zu verlieren!

Das heißt, wir müssen es wieder wagen, wirklich lebendig zu sein, im Moment zu leben und nicht uns selbst in Gedanken fortwährend voranzueilen in der Furcht, etwas zu verpassen.

Unsere spielerische Unschuld, die wir endlich wiederentdeckt haben, zeigt uns den Weg. Unsere Aufmerksamkeit wird nicht mehr von Egospielen verschlungen, die Lust zur Manipulation flaut ab, wir dürfen unser wahres Gesicht im Spiegelbild des Narren sehen.

Der Narr gibt uns zwinkernd den Wink, mit ihm zu tanzen, selbst wenn der Weg über ein wackeliges Seil geht. Wir haben nichts zu verlieren außer unseren Vorurteilen, unserem sogenannten logischen Denken, das nur im äußeren Leben Sinn macht, aber in der inneren Welt ein Witz ist.

Der Narr schließt den Reigen des Tarot. Wir sind wieder am Anfang, nur diesmal bewußt und nicht unbewußt. Wir erkennen vielleicht zum erstenmal mit tödlicher Sicherheit, daß jedes Anhalten und Festhalten an Situationen und Menschen unmöglich ist. Somit geben wir auch alle die frei, an denen wir noch festhängen. Das bedeutet nicht, daß Sie nun weniger lieben. Im Gegenteil, im Grunde ist erst in der Narrenphase wahre Liebe möglich! Der andere Mensch schuldet uns nichts, er ist aus freien Stücken bei uns und nicht aus Pflicht! Ergreifen Sie die Hand des Narren, und erleben Sie die Art der Freiheit, nach der Sie sich schon immer gesehnt haben.

Die Hofkarten:
16 Menschenbilder

In den Hofkarten finden wir sechzehn Rollenspiele, in denen wir uns ausdrücken, und psychologische Menschentypen, denen wir begegnen. Was sind unsere Verhaltensmuster, Erwartungen und Projektionen, wer sind wir, wen suchen wir, wen ziehen wir an? Im Tarot für Frauen stehen diese Personenkarten für uns selbst in bestimmten Rollen und Funktionen oder für reale Menschen, die in unserem Leben auftauchen und eine Rolle spielen.

Es gibt vier ›Farben‹ bei den Hofkarten, nämlich Stäbe, Kelche (oder Blüten), Scheiben (Münzen oder Pentakel) und Schwerter (oder Blitze). Die vier Personen werden unterschiedlich bezeichnet, meist sind es drei männliche Figuren und eine weibliche. Im Tarot der Liebe geht man von zwei weiblichen und zwei männlichen Gestalten aus, nämlich von Königin und König sowie Prinz und Prinzessin.

Über die Zuordnung der vier Farben zu den vier Elementen gibt es unterschiedliche Meinungen. Naheliegend und unumstritten ist der Bezug des Elements Wasser auf die Kelche bzw. Blüten und der Erde auf die Scheiben. Die Schwerter bzw. Blitze werden oft auf das Element Feuer bezogen, die Stäbe auf Luft; manchmal aber auch genau umgekehrt.

Wie oben gesagt, lese ich die Personenkarten als reale Menschen, entweder als einen Aspekt der Fragestellerin oder als eine Person, die in ihrem Leben eine wichtige Rolle hat. Deshalb finden Sie außer der Kurzdeutung auch Deutungshinweise darauf, falls sich eine Personenkarte auf Sie selbst bezieht oder falls sie einen anderen Menschen darstellt.

DIE KÖNIGIN DER STÄBE

Die reife, erwachsene Anima hält den Zauberstab der Kraft
fest in ihren Händen. Sie strahlt natürliches Selbstbewußtsein und Sicherheit aus. Sie trägt keine Maske mehr. Ganz
gleich, ob Sie nun das Crowley-Deck, das Tarot der Liebe
oder andere Tarotdecks benutzen: Wenn die Königin der
Stäbe da ist, bedeutet das, daß Sie nun innerlich soweit sind,
voll zu Ihrem Frausein zu stehen!

Ihre Anima hat endlich den Platz eingenommen, der ihr von
Anbeginn zustand. Die Welt muß nicht mehr erst perfekt
sein, um darin positiv wirken zu können. Ihre innere Frau
hat sich von allen ihr auferlegten psychologischen Fesseln
befreit.

Das Zepter, der Zauberstab, steht ihr nun zu, und mit seiner
Hilfe kann sie kleine Wunder vollbringen, denn sie hat im
Inneren ihren Thron bestiegen und wirkt nun von einer anderen Warte aus auf Ihr Leben ein. Ihr Gesicht spiegelt eine
stille Zufriedenheit wider, und sie verfügt nun über die Kraft,

sich total für sich und andere einzusetzen. Die Königin ist die reife Frau in uns, die endlich zur Ruhe gekommen ist, nicht mehr im Außen nach Bestätigung sucht und somit alle positiven Kräfte auf ihrer Seite hat.

Die Königin der Stäbe kann auch eine wirkliche Frau in Ihrem Leben ankündigen, die Ihnen durch viel Lebenserfahrung, Güte und Stärke beiseitesteht. Beruflich mag sich durch eine Frau eine Angelegenheit zu Ihren Gunsten kehren.

In einer Beziehung haben Sie jetzt die Gelegenheit, zu einer vollwertigen, erwachsenen Partnerin heranzureifen. Da Sie sich gut mit sich selbst fühlen und die Angst vor dem Alleinsein in den Hintergrund getreten ist, können Sie ganz Sie selbst sein. Sie wissen nun, daß Sie sich nicht mehr von anderen Menschen abhängig machen müssen, um geliebt zu werden. Sie haben ein neues Vertrauen in sich selbst gefunden und trauen sich Dinge zu, von denen Sie früher nur träumten. Ihre geschäftliche und geistige Führungskraft kommt jetzt zum Ausdruck, und Sie könnten sich in einer völlig anderen beruflichen Situation wiederfinden.

Die Königin der Stäbe handelt, sie ist sich ihres Urteils sicher und beherrscht die Spielregeln der äußeren Welt. Sie ist ein ebenbürtiger Arbeitspartner, ihre Fraulichkeit und Wärme, innere Weitsicht und Güte beflügeln ihre Umwelt. Eine starke Frau, die nicht mehr im Schatten der Männer steht, sondern ihren eigenen Wert erkannt hat und nach Verwirklichung strebt. Ihre eigene Kraft macht ihr keine Angst mehr, im Gegenteil, sie nutzt sie und wandelt sie um.

Und dasselbe gilt für Sie! Teilen Sie Ihre Selbsterkenntnis auch mit anderen, die Zeit ist reif dazu, und lassen Sie alle Selbstzweifel endgültig hinter sich.

Eine souveräne Frau, die kreativ ist und sich auszudrücken weiß.

Wenn die Karte Sie selbst darstellt
Die Qualitäten der Königin der Stäbe sind jetzt wichtig für Sie. Entweder, weil Sie sie noch nicht genügend gelebt haben, oder weil Sie des Guten zuviel tun.

Wenn die Karte einen anderen bezeichnet
Eine starke Frau spielt momentan eine wichtige Rolle in Ihrem Leben. Lassen Sie sich von ihren Stärken inspirieren, aber achten Sie darauf, nicht unter ihre ›Fuchtel‹ zu geraten.

Licht
Diese Frau ist selbst klar und bringt anderen Klarheit.

Schatten
Vielleicht erleben andere Menschen diese Frau als pedantisch oder perfektionistisch.

Deutungshinweise
Eine Frau voller Ideale, die einer Vision folgt und sich manchmal unverstanden oder zurückgewiesen fühlt. Sie kann vorausschauend planen und sorgfältig verwirklichen. Es ist im allgemeinen ein Gewinn, diese Frau auf seiner Seite zu wissen. Sie fängt mit ihrer Zeit gern etwas ›Sinnvolles‹ an, bildet sich weiter, lernt, reist. Sie verschwendet Zeit sehr selten und nur ungern. Im religiösen Bereich scheint sie besser in alternativen, unkonventionellen Gruppen aufgehoben, weil in traditionell-dogmatischen Richtungen eine Neigung zum Fanatismus Nahrung finden könnte. Ein freier Fluß der Kreativität wird ihrer Lebensfreude neue Flügel geben.

KÖNIG der STÄBE

Ritter der Stäbe

DER KÖNIG DER STÄBE

Ihr Animus steht jetzt in Ihrem Inneren in der ersten Reihe. Eine kraftvolle, männlich anmutende Kraft in Ihnen drängt nach Taten. Der Wille, sich endlich zu behaupten und sich auch im Privatleben oder in der Arbeit durchzusetzen, ist spürbar. Zielgerichtete Aufgaben finden Erfüllung. Lust, sich physisch mehr zu bewegen oder sogar Abenteuer zu wagen. Sie fühlen sich einfach mehr in Ihrem Körper, wenn Sie sich die Gelegenheit geben, einmal total auszuagieren und auch ins Schwitzen zu kommen. Lassen Sie den Mann in sich richtig raus! Schämen Sie sich nicht, dieser Seite jetzt vollen Ausdruck zu gestatten. Der König der Stäbe fordert Sie auf, Ihr Potential voll und ganz zu leben!

Im kollektiven Durcheinander von männlich und weiblich sind wir vielleicht manchmal zu ›verweiblicht‹ geworden. Der unterdrückte Teil, unsere männliche Seite, verlangt auch, gehört und gelebt zu werden.

Nehmen Sie diese Aufforderung mit ganzem Herzen an.

Wenn Sie sich in einer Situation befinden, in der Sie sich einfach nicht entfalten können, streben Sie die gewünschte Veränderung an. Warten Sie nicht länger darauf, daß alles von allein passiert. Auch wir wirken mit und haben Entscheidungskraft, wenn wir sie nicht immer wieder durch alte Ängste abwürgen. Haben Sie Vertrauen in Ihren inneren König, und wenn er sich jetzt im Äußeren manifestiert, greifen Sie zu!

Ein reifer Mann kann in der Gestalt eines Freundes oder Geliebten in Ihr Leben treten. Er hat keine Angst vor der inneren oder äußeren Frau, er ist ein wundervoller, energiegeladener Mensch, der sich zu einem echten Lebenspartner entwickeln kann. Halten Sie in einem solchen Fall nicht mit sich zurück, und stellen Sie sich den neuen Herausforderungen, die eine solche Verbindung mit sich bringen mag. Jedes Zurückhalten der Energie wäre wirklich fehl am Platz. Wenn Sie sich in einer lieblos gewordenen Verbindung befinden und von Erlösung träumen, dann wachen Sie auf und tun Sie den ersten Schritt. Jetzt haben Sie die Durchsetzungskraft, sich zu lösen und neu zu beginnen, auch wenn das eine Zeit des Alleinseins mit sich bringt. Machen Sie nicht den Fehler, passiv zu bleiben. Es gibt bestimmte Zeichen und Zeiten, in denen wichtige Schritte der Ablösung leichter geschehen können. Dies wäre ein solcher Moment.

Befreien Sie sich von alten Fesseln und machen Sie sich bereit, einem viel passenderen Partner zu begegnen. Geben Sie eventuell auch falsche Sicherheiten auf, und haben Sie keine Angst vor Ihrer eigenen Energie, die kraftvoll nach vorwärts drängt.

Ein Mann, der weiß, was er will, und zu faszinieren versteht.

Wenn die Karte Sie selbst darstellt
Eine Erinnerung daran, daß Sie nicht das ›arme, kleine Hascherl‹ sind oder sein müssen, sondern reichlich Kräfte der Selbstverwirklichung in sich tragen.

Wenn die Karte einen anderen bezeichnet
Prüfen Sie, wieviel Raum Sie zur Entfaltung haben werden, bevor Sie eine engere Bindung mit einem solchen Mann eingehen.

Licht
Ein günstiger männlicher Aspekt, der mit durchschlagender Kraft und voller Elan wirkt. Ich vertraue mir selbst und habe den Mut, mein Ziel zu verfolgen. Dynamische positive Veränderungen.

Schatten
Bisweilen wirkt diese männliche Energie zu draufgängerisch, fordernd und womöglich sogar rücksichtslos, zumindest auf zartbesaitetere Gemüter. Doch immer guter Wille!

Deutungshinweise
Entschlossenes Handeln, Übersicht sowie Herausforderungen, Totalität des Seins und volle Anteilnahme sind wesentliche Schlüsselworte für diese Karte. Dieser Mensch ist inspirierend, schlagfertig, tapfer und mutig. Im Urlaub wird dieser Mensch aktiv sein und alles unternehmen, was Bewegung mit sich bringt. Dieser König geht seinen eigenen Weg. Für die Arbeit in einer Gruppe scheint er ungeeignet, in herausgehobener Position wird er jedoch auch für andere Menschen viel leisten können.

RITTER der STÄBE

Prinz der Stäbe

DER PRINZ DER STÄBE

Ein energiegeladener junger Prinz drängt darauf, all seine kreativen Möglichkeiten auszuschöpfen und weiter zu entfalten. Eine junge, bahnbrechende, großartige und mutige Energie. Er folgt seiner Intuition, er folgt der Stimme seines Herzens, ganz gleich, wohin sie ihn führen mag! Er strebt unaufhaltsam seiner eigenen Entwicklung zu. Im äußeren Leben ein junger Freund oder auch Liebhaber, der ältere Frauen hoch schätzt, weil er von ihnen zu lernen weiß. Verschließen Sie sich nicht der Möglichkeit, auch auf dieser wichtigen Ebene wirksam zu sein.

Ihr innerer Animus ist jetzt regelrecht in Fahrt und möchte einfach alles wissen und erleben und durchdringen. Seine sonnige Energie bringt ihm Erfolg (und Ihnen auch), denn er wirkt beinah unwiderstehlich auf die ihm begegnenden Menschen ein.

Die Dinge sind wirklich in Bewegung, und die überschäumende Kraft des Prinzen in Ihnen bricht Bahn für ungeahnte Kreativität. Vielleicht werden Sie in den nächsten Tagen überrascht sein von sich selbst, über die Neuheit und Kühnheit Ihrer Gedanken und Pläne.

Es fällt Ihnen leichter, im Herzen offen zu bleiben und dem Lebensstrom zu vertrauen, der uns alle geschaffen hat und am Leben erhält. Ein gutes Zeichen für den Ausdruck neuer Lebensfreude und Kraft, die nun fällige Veränderungen in Ihrem Leben günstig bestrahlt.

Der Prinz handelt nicht intellektuell, er kommt vom Herzen und vom Bauch her, das bezeugt seine immense Kraft, die er an den Tag legt. Sein Denken fließt frei und offen und blockiert nicht den Zufluß der anderen zwei Zentren. Er meint, was er sagt, sein feuriges Herz bestimmt die Richtung und seine Harakraft macht ihn siegessicher und unschlagbar.

Lassen Sie sich auf seine Energie ein und folgen Sie der von Herzen kommenden Intuition und dem Lebenswillen. Ein günstiger Aspekt, der das Ende einer energielosen Phase bedeuten kann, wenn Sie den Mut haben, sich von alten Gedankengängen zu befreien, die Sie nur am Vorankommen hindern. Niemand hält uns zurück, wir erledigen das schon meisterhaft ganz von selbst und wundern uns dann, warum wir auf der Stelle treten. Schauen Sie in sich hinein und seien Sie so objektiv wie möglich: Wenn Sie sich entspannen, wird Ihnen Ihr Unterbewußtsein genau die Bilder liefern, die Sie zur Lösung der Situation brauchen.

Die Kraft des Prinzen in uns weckt unseren Lebenswillen und läßt uns neue Pläne schmieden und Träume verwirklichen. Wenn Sie sich energetisch aufgeladen fühlen, haben Sie den Wunsch, die Welt zu umarmen, wenn Sie Ihre Energie zurückhalten, vergrößern sich die Sorgen, Sie fühlen sich eingeengt und bemerken es vielleicht erst dann, wenn Sie wirklich bis in den Keller gerutscht sind. Lassen Sie also seine junge kräftige Energie in sich zum Vorschein kommen!

Ein junger Mann, der vorwärts drängt.

Wenn die Karte Sie selbst darstellt
Diese Karte symbolisiert Ihren jungen, unbekümmerten Animus, der sich bereit macht, seine Kraft zu zeigen und sich mit anderen zu messen.

Wenn die Karte einen anderen bezeichnet
Ein junger Mann, der Sie berührt, vielleicht sogar herausfordert. Die Verlockung eines Flirts mit dem Ausdruck der unbeschwerten Lebensfreude.

Licht
Junge Liebe, Leidenschaft und feuriger Eros bestimmen diesen Prinzen. Er will sich in seinem Siegeszug von keinem bremsen lassen. Vertrauen in das Leben.

Schatten
Hang zur Ungeduld; öfter einmal zu siegessicher und schießt dann über das Ziel weit hinaus.

Deutungshinweise
Befreite Kreativität, Tatkraft, Pioniergeist, unkonventionelle Freundeskreise. Jugendliche Energie, die Abenteuer, Licht und Wärme sucht, die Ungezwungenheit ausstrahlt; weite Reisen und gewagte Unternehmungen.

BUBE der STÄBE

Prinzessin der Stäbe

DIE PRINZESSIN DER STÄBE

Eine junge Energie, ein jüngeres Wesen, das nach einem Neubeginn sucht. Ein Zeichen, die eigene innere Suche mit Vertrauen und Elan fortzusetzen. Alte Ängste können durch einen Strahl neuen Bewußtseins erkannt und abgelegt werden.

Eine junge Frau oder ein junges Mädchen spielen eine kreative Rolle in Ihrem Leben. Erfühlen Sie, was dieser Teil in Ihnen zu sagen hat. Vielleicht gibt es Dinge aus Ihrer Jugendzeit, die jetzt wieder in den Vordergrund getreten sind und Ihre Aufmerksamkeit verlangen? Und obwohl die Prinzessin der Stäbe vielleicht noch nicht über vollendete Weitsicht und Kraft verfügt, so ist sie doch ein überaus positives Zeichen in dieser Richtung, wenn sie in Ihrer Auslegung erscheint.

Erinnern Sie sich an Ihre Teenagerjahre, mit welcher Stärke und Zuversicht Sie damals an das Leben herangingen, erinnern Sie sich an sich selbst in diesen so wichtigen Jahren der

121

Entwicklung Ihrer Persönlichkeit. Das ganze Leben lag vor Ihnen und schien endlos. Erinnern Sie sich daran, welche Wunder Sie damals noch erlebten und die ganz selbstverständlich schienen, da Ihre Energien noch unbelasteter waren und freier fließen konnten.

Die Prinzessin ist auch ein Zeichen der Hoffnung, sie ist auf der Wanderschaft, sie ist auf dem Weg zu sich selbst. Und obwohl diese Erkenntnis sich noch nicht total manifestiert hat, so stehen doch die Weichen auf Grün. Eine energievolle Seite in Ihnen verlangt jetzt nach Ausdruck. Sie fühlen sich wohl in der Gesellschaft von jüngeren Frauen, mit denen Sie eventuell sogar arbeiten.

Was wird der nächste Schritt sein? Überlassen Sie sich ganz Ihrer inneren Ahnung und gehen Sie angstlos weiter. Sie werden einen regelrechten Energiestoß erhalten, sobald Sie soweit sind. Reiten Sie auf dieser Welle der inneren Kraft und lassen Sie sich von niemandem davon abbringen, jetzt Ihren eigenen Weg zu gehen.

Die Prinzessin der Stäbe steht im Tarot der Liebe wie auf einem glitzernden Sternenstrahl, der in Regenbogenfarben leuchtet. Sie hält ebenso den Zauberstab der Kraft in ihren Händen und ist dabei, zu lernen, ihn besser und besser zu benutzen. Unausgereifte Ideen können ein Stück weiterentwickelt werden und neue Bedeutung gewinnen. Selbst wenn die endgültige Manifestation eines Planes noch nicht spruchreif ist, so sollten Sie jetzt nicht den Mut aufgeben, sondern lieber erkennen, daß jedes Ding und jede Entwicklung auf unserem Planeten seine Zeit braucht. Sie fühlen frischen inneren Schwung, um hinter Ihren Projekten zu stehen und diese positiv zu fördern.

Sie sind umgeben von jugendlicher, frühlingshafter Energie, die Sie dazu auffordern mag, in den Strom des Lebens zu springen und sich nicht mehr abseits zu halten. Geben Sie den Ängsten vor einem solchen Schritt nicht zuviel Gedankenkraft, sondern handeln Sie entschlossen und lassen Sie sich von Ihren alten Mustern nicht das freudige Spiel verderben!

Eine junge Frau, die sich ohne falsche Rücksicht auf Traditionen und Gesellschaftsmoral mit vollem Herzen ins Leben wirft.

Wenn die Karte Sie selbst darstellt
Lassen Sie Ihrer eigenen jungen Frau genug Freiraum oder halten Sie sie an engem Zügel so fest, daß Ihnen selbst der Spaß vergeht?

Wenn die Karte einen anderen bezeichnet
Eine aktive Frau, die zumindest innerlich jung ist und sich nicht von kollektiven Ängsten in ihrer Dynamik zügeln läßt. Lernen Sie von ihr!

Licht
Optimismus, Bereitschaft, immer wieder aufs neue loszulassen, von vorne zu beginnen, etwas auszuprobieren.

Schatten
Manchmal zu unbesonnen, mangelhafte Rücksichtnahme auf Menschen, die ängstlicher oder unbeholfener sind.

Deutungshinweise
Sie haben die Chance, eine steile Karriere zu machen – genug Energie ist vorhanden, und die Angst vor Erfolg haben Sie abgelegt. Vielleicht schließen Sie sich eine Zeitlang einer Gruppe von Menschen an, die Selbstverwirklichung jenseits von Konventionen suchen. Wenn Sie sich zu etwas entschlossen haben, stehen Sie dazu und setzen sich dafür energisch ein.

KÖNIGIN der KELCHE

Königin der Kelche

DIE KÖNIGIN
DER KELCHE ODER BLÜTEN

Diese Königin spiegelt Ihre Anima, Ihre Seele als Frau, wider. Sie zeigt Ihnen den Weg, alle Emotionen anzunehmen und zu interpretieren. Diese Königin ruht in sich, denn sie weiß, mit sich und ihren Gefühlen klarzukommen und positiv umzugehen. Sie haben jetzt die Chance, Weisheit und Wesenheit dieser Karte in sich wiederzuerkennen und damit sich selbst den Weg zum größeren Glück freizugeben und Liebe auch für das eigene Wesen zu empfinden.

Sobald wir keine Angst mehr empfinden, unsere Gefühle offen zu zeigen, kann auch die Liebe zu uns selbst wachsen, und ohne diese Liebe zu uns selbst können wir keinen anderen Menschen lieben. Wenn diese Karte in Ihrem Reading gezogen wurde, ist es Zeit, in die Tiefe zu tauchen, Ihre Gefühlswelt liebevoll ans Licht zu heben und alte Wunden heilen zu lassen.

Lassen Sie sich nicht von Menschen entmutigen, die Ihre Offenheit nicht zu schätzen wissen, weil sie insgeheim Furcht vor ihren eigenen Emotionen und ihrem inneren ›Vulkan‹ hegen.

Über lange Zeit unterdrückte Gefühle, besonders negativer Art, verdichten sich im Inneren, bleiben in Muskeln und Organen stecken, und wir haben dann tatsächlich das Gefühl, auf einem Vulkan zu sitzen, der jeden Moment hochgehen kann. Deshalb die Angst, wirklich loszulassen.

Die Zeit der emotionalen Kompromisse ist vorbei, bleiben Sie sich selbst treu und teilen Sie sich ehrlich mit, ohne einen anderen nun für Ihre Gefühle verantwortlich zu machen. Beobachten Sie auch, wie sehr Ihre Gedanken die Gefühle beeinflussen und umgekehrt. Ein einziger, sich immer wiederholender negativer Gedanke, zum Beispiel »Ich bin nie gut genug«, kann Ihnen den ganzen Tag verderben, wenn Sie nicht wach genug sind, seinen Kreislauf aufzuheben. Versuchen Sie, sich bewußt zu machen, welche unangenehmen Gedanken sich ständig in Ihnen ganz von selbst wiederholen. Sie können diese Gedanken zwar nicht anhalten und ausradieren, aber Sie haben immer die Möglichkeit, ABSTAND von ihnen zu nehmen und den Willen zu haben, sich nicht mehr so stark mit ihnen zu identifizieren. Denn solche Gedanken halten Sie oft davon ab, Ihre Herzensenergie zu spüren und zu leben. Eine unserer Stärken als Frauen ist es, die Sprache des Herzens zu verstehen und ihr zu folgen. Nur Menschen mit einer kargen Gefühlswelt werden Kritik üben und ihre eigene Quelle der Gefühle, nämlich ihr Herz, ungehört versiegen lassen. Umgeben Sie sich mit lebendigen Menschen, die Ihre eigene, neu gewonnene Offenheit widerspiegeln und Sie sogar dazu ermuntern, mehr von Ihrer reichen Innenwelt mit ihnen zu teilen und dadurch mehr Mut zu bekommen, Sie selber zu sein.

Echte Kommunikation ist ein offenes Mitteilen, was man fühlt und was mich bewegt, so daß der andere sehen kann, wo man steht und nicht raten muß und so in Verwirrung gerät. Ihr offenes Herz ist Ihr höchster Schatz auf dieser Welt!

Königin der Kelche – Kurzdeutung

Eine sensible Frau, die ihre Gefühle offenbart und doch geheimnisvoll bleibt.

Wenn die Karte Sie selbst darstellt
Vertrauen in die eigenen Gefühle, Schöpfen aus immer tieferen Bewußtseinsschichten.

Wenn die Karte einen anderen bezeichnet
Eine verständnisvolle, reife Frau, die Ihnen Geborgenheit vermittelt.

Licht
Gefühlsreichtum und Einfühlungsvermögen, damit auch günstig für therapeutische Berufe, in denen die Heilung über Mitgefühl ›funktioniert‹.

Schatten
Wenn Gefühle verborgen bleiben oder über längere Zeit versteckt oder verdrängt werden, so wird sich das ungünstig auswirken. Manchmal sind diese Menschen zu weich.

Deutungshinweise
Eine spirituelle Lebenseinstellung ist vorhanden oder notwendig. Reisen Sie zu einem Meister oder einer Meisterin. Hang zur Mystik. Schöpferische Eingebungen, die sich zum Beispiel in Dichtung oder Malerei ausdrücken können. Diese Frau wird sich am besten am Wasser, an einem See oder Fluß, oder am Meer regenerieren können. Sie braucht Alleinsein, Stille und Meditation. Innere Werte haben Vorrang, Geld spielt keine so große Rolle.

KÖNIG der KELCHE

Ritter der Kelche

DER KÖNIG
DER KELCHE ODER BLÜTEN

Männliche wie weibliche Kräfte sind in diesem König harmonisch vereint und machen so sein volles Potential für ihn und seine Ideen und Pläne nutzbar. Er kann aus seinem inneren Überfluß schöpfen und sich leidenschaftlich für seine Ziele einsetzen, da er nicht mehr gegen sich selbst kämpft. Die Verbindung zu seiner eigenen Weiblichkeit gibt ihm die sichere Intuition und Kraft, seinen visionären Eingebungen vertrauensvoll zu folgen. Er ist eine Erinnerung für Sie, ebenfalls dieser Integration Energie zu geben und das aufoktroyierte Schulddenken, das leider noch allzu vielen Frauen anhaftet, abzulegen. Haben Sie jetzt den Mut, auf Ihre eigenen Fähigkeiten zu vertrauen und nicht unbedingt dem Rat anderer Einflüsse zu folgen.

Nur durch ein tiefes inneres Öffnen können wir unseren eigenen Zwiespalt heilen. Der Mut, sich selbst zu offenbaren und auch vor anderen die Maske fallen zu lassen, ist der höchste Mut, den wir auf dem Weg zu uns selbst aufbringen müssen. Begleiten Sie diesen König in sich oder lassen Sie sich von einem äußeren König in Ihrem wohlverdienten Ehrgeiz inspirieren.

Diese Karte bringt auch den Impuls, sich mit Poesie zu beschäftigen oder selbst zu schreiben. Das ist ein weiblicher Ausdruck, den dieser ›Minnesänger‹ königlichen Geblüts anstrebt und verwirklicht. Die tiefe Verschmelzung seiner beiden inneren Pole macht ihn zu einem multidimensionalen Wesen und erinnert auch Sie daran, daß dies Ihr wahres Wesen ist und Sie die Verantwortung tragen, diesem Wesen auch im äußeren Leben Ausdruck zu verleihen. Bevor wir an andere etwas weitergeben können, müssen wir zunächst in uns selbst investieren. Wir sind nicht in dieses Leben gekommen, um als gesellschaftliche Marionette sinnlose Handlungen bis an unser Lebensende durchzuführen.

Je mehr wir unsere eigenen inneren Kraftquellen finden, desto weniger sind wir auf äußere Manipulation gepolt. Der Weg in die Freiheit führt tatsächlich durchs Nadelöhr. Der Pfad ist schmal, und wir müssen ihn mit unserem eigenen Licht gehen! Der König der Kelche oder der Blüten zeigt uns den Weg, lassen Sie sich auf seine Energien in Ihnen ein, feiern Sie die inneren Schatten und sehen Sie das Spiel der Dualitäten als das, was es ist: ein Tanz, ein Spiel, eine Vermählung, ein Einswerden, ein Auseinandergehen, ein Wiedererkennen ...

Der König ist der glückliche Überbringer einer frohen Botschaft. Lassen Sie sich von seiner leidenschaftlichen Energie entzünden, fühlen Sie die ekstatischen Augenblicke, wenn Sie in Ihrem Inneren ungespalten und eins mit sich sind.

König der Kelche – Kurzdeutung

Die männlich-energische Kraft der Gefühle.

Wenn die Karte Sie selbst darstellt
Eine Ermunterung, Ihren Gefühlen Ausdruck zu verleihen!

Wenn die Karte einen anderen bezeichnet
Ein Mann, der seiner Anima Raum zur Entfaltung gibt, der sich einfühlsam auszutauschen vermag und der zu geben versteht.

Licht
Diese Karte versinnbildlicht den ›Gral‹, das Licht, das an die Oberfläche des Bewußtseins getragen wird. Die Wirkung ist eher auf den feinstofflichen als auf den materiellen Ebenen spürbar.

Schatten
Mitunter zu verwaschen und irgendwie ›formlos‹, nicht greifbar. Dadurch Verwirrung der Gefühle und mangelnde Kontrolle.

Deutungshinweise
Die Suche nach gleicher Wellenlänge und Gefühlseinklang mit anderen Menschen. Sie erspüren Menschen mehr, als daß Sie sie rational erfassen und beurteilen. Es zieht Sie zu besonderen Menschen und Orten der Kraft, welche die Seele harmonisch stimmen, die Sensibilität ansprechen und den Geist erheben.

RITTER der KELCHE

DER PRINZ
DER KELCHE ODER BLÜTEN

Geheime Wünsche und Gedanken drängen jetzt mehr und mehr in Ihr Bewußtsein und fordern Sie zur Aktion auf. Leidenschaftliche Gefühle wollen erhört werden. Dies kann auf ganz verschiedenen Ebenen stattfinden. Es muß sich nicht immer um einen realen äußeren Partner handeln, wenn diese Emotionen in uns wach werden. Passion oder Leidenschaft braucht nicht immer einen Auslöser in der Außenwelt. Wenn wir uns gestatten, in unsere eigenen Tiefen zu tauchen, werden wir überrascht sein über unseren inneren Reichtum und unsere Fähigkeit zu lieben.

Wir haben oft so viel Angst vor unserer Gefühlswelt, besonders vor den sogenannten negativen Manifestationen wie Wut und Ärger, daß wir lieber den Deckel drauflegen und die ganze Sache in ihrem eigenen Saft schmoren lassen. Dies hilft natürlich auf die Dauer nicht weiter, und so müssen wir uns wieder den ›Dämonen‹ stellen, die unser Blut in Wallung bringen und unsere oft so logisch vermauerte Starrsinnigkeit untergraben. Welchen geheimen Fantasien würden wir gern mehr Aufmerksamkeit schenken, hätten wir nicht die Angst in uns, für unsere herrliche Wollust bestraft zu werden? Sehen Sie diesem Phänomen (oder Phantom?) ruhig ins Auge, und treffen Sie die Wahl, was Sie wirklich ausleben möchten und was nicht. Aber lassen Sie alle Wünsche gelten und respektieren Sie sich für Ihre eigene Offenheit.

Es geht hier um innere Transformation, die nur dann geschieht, wenn wir nichts in uns ablehnen oder abschieben wollen. Jedes Gefühl ist legitim und kann auf seinen Inhalt geprüft werden, sobald Sie sich selbst mehr vertrauen lernen und Ihren Gefühlen den Weg aus der inneren Gefangenschaft gewähren. Sie selbst beurteilen sich meist am härtesten. Geben Sie diese erstarrte Haltung sich selbst gegenüber auf und seien Sie ein bißchen liebevoller und vergebender.

Leben Sie Ihre Bedürfnisse, teilen Sie anderen mit, was Sie brauchen, schämen Sie sich nicht, auch Ihre exotischen Fantasien dem richtigen Partner mitzuteilen. Alles Unterdrückte drängt eines Tages sowieso ans Licht. Warum nicht jetzt? Weshalb nicht jetzt allen Fragmenten erlauben, Worte oder Gefühle zu finden, um sich zu zeigen und damit angenommen zu werden – und damit letztlich die Fragmentierung aufzugeben, wieder eins zu werden und zu heilen.

Seien Sie so total und ehrlich wie möglich in all Ihren Begegnungen mit anderen Menschen und übernehmen Sie die Verantwortung für Ihren eigenen Entwicklungsprozeß, beobachten Sie Ihre eigene Verwandlung.

Geben Sie sich dieser inneren Wandlung total hin und beobachten Sie, was passiert. Sobald Sie nämlich nichts mehr in sich ablehnen, spüren Sie eine neue Art der Lebendigkeit und Erfüllung in sich erwachen, gepaart mit viel mehr Energie und Lebensfreude.

Ein junger Mann, der die Kraft der Gefühle erstmals bewußt erkundet.

Wenn die Karte Sie selbst darstellt
Lassen Sie Ihren Gefühlen freien Lauf!

Wenn die Karte einen anderen bezeichnet
Begegnung mit einem kraftvollen, jugendlich wirkenden Mann, der Ihre Lebensfreude neu stimuliert.

Licht
Suche nach tieferem Verständnis der eigenen Gefühle und deren Quellen.

Schatten
Falls man triebhafte Gefühle versteckt oder verdrängt, wird das zu Mißverständnissen und ›Verbiegungen‹ führen.

Deutungshinweise
In tiefschürfender Arbeit wird die eigene Transformation erstrebt; magische Gaben und okkulte Interessen wühlen das Gefühlsleben auf. Neigung bzw. Talent zu Tantraarbeit, Erforschung und bewußtes Erleben der sexuell-erotischen Energien. Interesse an karmischen Zusammenhängen von Beziehungen, Erkundung der Vergangenheit von Partnern. Sehnsucht nach Befreiung und Erlösung.

BUBE der KELCHE

Prinzessin der Kelche

DIE PRINZESSIN
DER KELCHE ODER BLÜTEN

Diese Prinzessin hilft Ihnen, Gefühle der Eifersucht zu überwinden und wieder mehr Selbstvertrauen zu gewinnen.
Indem Sie Abstand zu diesen Gefühlen bekommen, sind Sie
wieder in der Lage, sich selbst zu spüren und Ihren eigenen
Bedürfnissen Aufmerksamkeit zu schenken. Jede Liebe hat
auch immer Kehrseiten. Wir müssen damit umzugehen lernen, daß Liebe kommt und wieder vergehen kann, ohne daß
einer der Partner daran ›schuld‹ sein muß!
Es fällt uns oft so schwer, die Dinge so zu nehmen, wie sie
sind. Wir versuchen mit aller Macht zu kontrollieren und zu
manipulieren in einem Spiel, das wir niemals gewinnen können, da es nur in unserer Fantasie geschieht und die Wirklichkeit ganz anders ist. Den Mut, diese Wahrheit zu sehen,
trägt diese Prinzessin in sich.
Sie sind auf dem richtigen Weg, erlauben Sie sich nun diese
Entfaltung und vertrauen Sie Ihren Empfindungen, auch

wenn sie im Augenblick völlig neu für Sie sind. Jetzt ist auch ein guter Moment, um Ihrer poetischen Ader zu frönen oder sich mit Dingen zu beschäftigen, die nichts mit Geld oder Verdienst zu tun haben. Nähren Sie nun den Teil in sich, der Ihre Gefühle kreativ beeinflußt und Sie auf den Schwingen der inneren Freiheit tanzen läßt!

Sie tun dies, indem Sie den vielen ›ich sollte‹ und ›ich müßte‹ nicht mehr so viel Beachtung schenken und sich mehr darauf konzentrieren, was Sie wirklich fühlen und tun wollen. Nur in einem entspannten Lebensraum können die Kräfte in Ihnen wirken, die nun nach außen drängen und gelebt werden möchten. Die Frage, ob Sie wirklich der Tätigkeit nachgehen, die Ihnen auch ein Maß an Erfüllung bietet, kann sich jetzt stellen und durch Loslassen alter Gedankenmuster gelöst werden. Nehmen Sie sich dabei Zeit, erfühlen Sie, welche Umstände Ihre Lebensenergien behindern oder einzwängen oder Ihnen eine lustlose Zeit bereiten.

Das Zurückhalten von Gefühlen, aus Angst, verletzt oder belächelt zu werden, ist so alt wie die Menschheit selbst, und es liegt an jedem von uns, diesen Teufelskreis zu durchbrechen: Indem wir unsere anerzogenen Blockaden Stück für Stück loslassen und auflösen. Das braucht Zeit, es geschieht nicht über Nacht, wir brauchen Geduld und Liebe zu unserem eigenen Wesen. Wenn wir uns jedoch nicht an diese Arbeit machen, bestimmen wir uns selbst zu einem Häufchen Elend, zu einem fragmentierten Dasein, in dem wir niemals glücklich sein können.

Unsere multidimensionale Wesenheit verlangt nach vollem Erleben, auch auf die Gefahr hin, manchmal zurückgestoßen zu werden.

Eine jugendliche Frau, die neuen Optimismus, frische Lebensfreude und Selbstvertrauen vermittelt.

Wenn die Karte Sie selbst darstellt
Erinnern Sie sich an Ihre Jugendträume, an den Gefühlsüberschwang des ersten Verliebtseins als Teenager, und gestatten Sie Ihrem inneren jungen Mädchen, sich wieder einmal zu zeigen.

Wenn die Karte einen anderen bezeichnet
Eine junge Frau, die Sie vielleicht als ›Konkurrenz‹ betrachten, weil sie soviel unbekümmerter und unbeschwerter – und damit anziehender! – erscheint.

Licht
Ein Leben aus den Quellen des Seins, voller naiver Zuversicht und damit voller dynamischer Lebensfreude.

Schatten
Manchmal vielleicht zuwenig geerdet; solche Menschen wirken wie ein verlockendes Versprechen, das indes nie verwirklicht werden kann.

Deutungshinweise
Beschwingte Gestaltungskraft, liebliches und künstlerisches Wesen, sensible Gefühlswelt, romantische Liebe. Solche Menschen schöpfen neue Kraft am besten im direkten Kontakt mit der Natur: Sie sollten mit den Delphinen in Hawaii oder Australien schwimmen oder in einem Moorteich baden gehen oder das fröhlich-schwirrende Leben einer Frühlingswiese in sich aufnehmen. Vielleicht werden Sie als Krankenschwester, als Hebamme, als Priesterin oder Visionärin tätig sein.

KÖNIGIN der MÜNZEN

Königin der Scheiben

DIE KÖNIGIN
DER SCHEIBEN ODER MÜNZEN

Nach einer Streßperiode sollten Sie den Rat dieser Königin befolgen und sich endlich mehr Ruhe gönnen. Die meditative Haltung der Königin ermahnt uns, daß nach jeder Zeit der körperlichen Anstrengungen und psychischen Belastungen eine Zeit der tiefen Entspannung und des Loslassens von allen Problemen folgen sollte.

Wenden Sie Ihre Aufmerksamkeit einmal ganz nach innen und hören Sie auf die Stimme Ihres Körpers, der Ihnen vielleicht schon seit einer Weile Streßsignale gibt, wie stärker werdende Müdigkeit, Lustlosigkeit und Schlafstörungen, Kopfweh und eventuell sogar depressive Stimmungen.

Wenn Sie diese Signale zu lange überhören, wird sich Ihr Körper unweigerlich mit stärkeren Signalen melden. Dazu brauchen Sie es aber nicht kommen zu lassen. Die Königin der Scheiben macht es Ihnen meisterhaft vor, wie Sie aus dieser Energieklemme herausfinden: Sie sollten sich jetzt selbst am wichtigsten nehmen und nicht noch mehr Arbeit auf sich nehmen, die warten kann und muß. Letztlich kommen und gehen wir auch aus diesem Leben nackt und mit leeren Händen, es lohnt sich also nicht, aus materiellen Gründen auch nur ein graues Haar zu bekommen. Wie viele Millionäre gibt es, die ihr ganzes Leben lang nur geschuftet haben, um finanzielle ›Sicherheit‹ zu erlangen. In der zweiten Lebenshälfte meldet sich dann der Körper zu Wort... und danach benutzen wir genau das Geld, dessen streßhafter Erwerb zuerst unseren Körper ruinierte, dazu, mit allen Mitteln die Gesundheit wiederzuerlangen!

Widmen Sie sich Ihren körperlichen Bedürfnissen, gönnen Sie sich Sauna oder Bad oder Massage. Hören Sie auf schmerzende Schultern und Rückenschmerzen. Wenn sich Blutgefäße verkrampfen, dann sagt das etwas über Ihren Lebensstil. Gehen Sie wacher und sanfter mit sich um, Ihr Körper wird es Ihnen danken und Sie mit Hochgefühlen belohnen!

Körper und Geist sind keine getrennten Einzelteile, sie gehören zusammen, sie fließen ineinander, sie fühlen einander. Wenn sich Ihr Körper freudig und gut fühlt, wird es Ihnen schwerfallen, in trüber Stimmung zu verweilen. Und positive Gedankenkraft kann einen müden Körper inspirieren, länger am Leben zu bleiben. Also erfüllen Sie seinen Wunsch nach Ruhe, machen Sie es sich wieder einmal richtig gemütlich, lesen oder schreiben Sie, bleiben Sie mal länger im Bett und verwöhnen Sie die Teile in sich, die ausgehungert sind nach liebevoller Anteilnahme.

Königin der Scheiben – Kurzdeutung

Eine praktische Frau, die anpacken kann.

Wenn die Karte Sie selbst darstellt
Sie sind geerdet oder sollten sich mehr erden; auf jeden Fall sollten Sie die Kraft der Erde, der greifbaren Form, der Beharrlichkeit und Ruhe für sich nutzen.

Wenn die Karte einen anderen bezeichnet
Eine erfolgreiche Frau, die Ihnen Hilfe oder Vorbild sein kann.

Licht
Sicherheit im Umgang mit Materie, robuste Gesundheit, Geduld.

Schatten
Vielleicht ist der betreffende Mensch etwas zu unbeweglich, zu behäbig oder beharrt auf einmal gewählten Standpunkten – oder ›Workaholic‹ und ›Arbeitsbiene‹, die nie still halten kann.

Deutungshinweise
Sie dürfen sich jetzt endlich richtig ausruhen. Schenken Sie dem Wohlsein Ihres Körpers die gebührende Aufmerksamkeit. Erfolg liegt für Sie immer irgendwie in der Luft, im Beruf, in der Partnerschaft. Sie sind eigenwillig, aber selbständig. Grundbesitz, Antiquitäten und das Sammeln wertvoller Gegenstände macht Ihnen Spaß. Ihren Urlaub sollten Sie beim Bergwandern oder auf Hochebenen sowie bei Abenteuerreisen verbringen. ›Erdige‹ Tätigkeiten, wie Gartenarbeit oder Landwirtschaft, liegen Ihnen jetzt besonders.

DER KÖNIG
DER SCHEIBEN ODER MÜNZEN

Dieser König verkörpert die Fähigkeit, die Materie zu beherrschen und mit Vermögen und Kapital nutzbringend umzugehen. Nach viel Mühe und Arbeit ist nun die Zeit der Reife
und Ernte angebrochen und kann Sie dementsprechend belohnen. Seine Kräfte versinnbildlichen den engen Kontakt
unseres Lebens mit der Erde, und sie tragen bedeutsam zu
seiner und unserer Heilung bei. Ganz konkrete Ziele in und
mit Materie zu erarbeiten ist seine Aufgabe.

Mit der Kraft dieses Königs gelingt es Ihnen, konkrete Pläne
und Vorstellungen in die Tat umzusetzen. Diese Karte rät
Ihnen, selbst gesetzte Aufgaben nicht länger aufzuschieben,
sondern jene Schritte in die äußere Welt zu tun, mit denen
Sie schon lange geliebäugelt haben. Wenn es jetzt für Sie ansteht, Ihre Rolle in der Warteschlange aufzugeben, um Ihrer
inneren Stimme zu folgen, dann schrecken Sie vor diesem
immer stärker werdenden Gefühl des Handelnmüssens nicht

zurück. Sie sind bereit und reif für diesen Schritt. Wenn diese tatkräftig handelnde Energie in Ihnen erwacht, kann als äußere Unterstützung ein sehr einflußreicher, hilfreicher Mensch in Ihr Leben treten, der Sie bei Ihren Unterfangen meisterhaft unterstützt. Nehmen Sie seine Hilfe an, lernen Sie von ihm auch, Ihre inneren männlichen Qualitäten nun nicht weiter unter den Scheffel zu stellen.

Sobald wir diese Qualitäten in uns Frauen nicht mehr ablehnen, sondern bereit sind, sie liebevoll anzunehmen und sie zu integrieren, erleben wir eine wirkliche neue Blütezeit. Sobald Sie diese männliche Kraft in sich zum Ausdruck kommen lassen und keine Schuldgefühle darüber empfinden, ›unweiblich‹ zu sein oder zu handeln, wird Ihre Lebensenergie geradezu explodieren. Denn nun haben Sie all die Energien, die zuvor unterdrückt wurden, zu Ihrer Verfügung und sehen gleichzeitig, daß es sich niemals lohnt, sich selbst in eine bestimmte Rolle zu zwängen, die längst überholt ist und niemals echt war. Selbst wenn wir den Körper einer Frau besitzen, bleibt unser wahres Wesen geschlechtslos. Und da wir alle nicht nur aus einem Mutterei gekrochen sind, müssen sich unsere männlichen Energien irgendwo manifestieren. Meist unterdrücken wir sie eben aus Angst, keine ›echte‹ Frau zu sein!

Der König der Scheiben fordert Sie dazu heraus, diesen Humbug fallenzulassen und Ihr Leben total zu leben, nicht gespalten in männlich oder weiblich. Lassen Sie Ihren inneren Mann nicht weiter im Schatten stehen, sondern nehmen Sie ihn liebevoll in den Arm und lassen Sie ihn seinen Teil zu einem glücklicheren Dasein beitragen.

Männliche Sicherheit im Umgang mit Form, Materie und äußerem Erfolg.

Wenn die Karte Sie selbst darstellt
Reiche Ernte steht ins Haus. Die Dinge können sich nur günstig entwickeln.

Wenn die Karte einen anderen bezeichnet
Ein Mann, dem Sie vertrauen können und der Ihnen mit Rat und Tat hilft.

Licht
Ein Mensch, der weiß, was er will, und sein Ziel erreicht. Kraft, alle anstehenden Herausforderungen anzunehmen; Ruhe, Sicherheit und gesunder Menschenverstand.

Schatten
Möglichkeit von Machtmißbrauch durch zu materialistisches = unbewußtes Verhalten.

Deutungshinweise
Jetzt können Träume Wirklichkeit werden. Eine gute Zeit für finanziell wichtige Vorhaben. Pragmatische Lebenseinstellung. Solche Menschen sind gern in Gesellschaft anderer. Sie verfügen über gute heilerische Fähigkeiten, aber auch über einen Sinn für Geld und Besitz. Eine Zeit des inneren Halts und der Harmonie zwischen Geist und Materie.

RITTER der MÜNZEN

Prinz der Scheiben

DER PRINZ
DER SCHEIBEN ODER MÜNZEN

Der Prinz der Scheiben symbolisiert meditative Besonnenheit, gepaart mit einem unerschütterlichen Willen, das Ziel zu erreichen. Sein gutes Verständnis von allem Materiellem hilft bei all seinen Aufgaben. Er verkörpert auch ganz stark das befruchtende Element und trägt so entscheidend zu äußeren Veränderungen in Ihrem Leben bei.

Diese Karte ist ein Wink, diesmal auf den guten Rat eines wohlmeinenden Freundes wirklich zu hören und offen zu sein für das Gesagte. Oft kann ein sogenannter Geistesblitz oder ein ›Aha-Erlebnis‹ durch richtiges Zuhören ausgelöst werden, und wir wundern uns dann, warum wir das nicht schon früher verstanden haben. Manche Worte, im rechten Moment gesprochen und gehört, können Wunder auslösen. Etwas Neues entsteht in uns, durch ein jähes Verstehen passen plötzlich alle Teilchen des Puzzles zusammen, und wir sind bereit, die Erfahrungen zu machen, die jetzt auf uns warten.

Eine Phase der zielgerichteten Arbeit, bei der wir all die kleinen neuen Impulse ernst nehmen und auf ihren praktischen Wert prüfen sollten. In dieser Zeit mag auch die Frage auftauchen, ob meine Arbeit noch die richtige für mich ist. Der Prinz als Bote des Unterbewußtseins kann neue Weichen stellen und durch seinen sinnbildlich unbeirrbaren Willen – der ja Ihr eigener ist! – die Veränderungen in Ihrem beruflichen Leben auslösen, die jetzt notwendig geworden sind.

Seine Kraft ist vergleichbar mit der des jungen Keimes, der sich auf völlig wunderbare und unverständliche Art seinen Weg selbst durch den steinigsten und härtesten Boden bahnt, ohne daß seine zarten Spitzen Schaden erleiden. Auch weiß er, obwohl er zunächst im Dunkeln liegt, daß er der Sonne und der Wärme entgegenwachsen muß und nicht in die entgegengesetzte Richtung. Dieses natürliche Wissen, diese angeborene Intuition liegt auch in Ihnen.

Der Prinz der Scheiben kann dem Keimling, der neuen Idee, dem Wunsch nach Wandlung, die notwendige zielstrebige Tatkraft verleihen, um den Prozeß des Neubeginns einzuleiten. Jeder Manifestation geht eine Befruchtungsperiode voraus. Fühlen Sie tief in sich hinein: Wo steckt in Ihnen der Keim, der jetzt dem Licht zustreben und geboren werden möchte, welche Teile von Ihnen liegen noch im Dunkel und warten darauf, erlöst zu werden?

Seien Sie ganz ehrlich mit sich selbst, ganz gleich, wie absurd Ihre Einsicht auf Sie wirken mag. Vertrauen Sie auf die Kräfte Ihres Unterbewußtseins, Ihnen genau jene Bilder und Visionen zu schicken, die Sie jetzt sehen müssen.

Erlauben Sie Ihren eigenen jungen Keimen, zu wachsen und den harten Boden der menschlichen Konditionierung zu durchbrechen und vollends zu erblühen und dem Lichte zuzuwachsen. Ihr Körper wird es Ihnen durch erhöhte Lebenskraft, Freude und Gesundheit danken!

Selbstbewußte und enthusiastische Einsatzfreude.

Wenn die Karte Sie selbst darstellt
Geben Sie geheimen Wünschen nach kreativer Umsetzung Ihrer Fantasien Aufmerksamkeit und Energie. Sie können einen Durchbruch erringen.

Wenn die Karte einen anderen bezeichnet
Ein junger Mann, der Sie mitreißt mit seinem sicheren Optimismus und seiner Fähigkeit, aus Ideen Wirklichkeit entstehen zu lassen.

Licht
Große Energiereserven, ansteckende Lebensfreude; junge männliche Sinnlichkeit gepaart mit rücksichtsvoller Umsicht.

Schatten
Neigung zur Überbelastung und körperlichen Überanstrengung; eventuell untergräbt ausschweifender Sex die Lebenskräfte.

Deutungshinweise
Die rechte Zeit für Erfolg, Hilfe, Vertrauen. Ein Hinweis auf gewinnträchtige Chancen der Geldanlage. Die Körperlichkeit des Menschseins wird angenommen und genossen, ohne daran festzuklammern – deshalb steht ein solcher Mensch so sicher mit beiden Beinen auf dem Boden und nimmt voll am Leben teil. Unter Umständen Offenheit für Meditation, sonst Spaß an Körperarbeit in anspruchsvollen Sportarten oder im Fitneßstudio.

BUBE der MÜNZEN

Prinzessin der Scheiben

DIE PRINZESSIN
DER SCHEIBEN ODER MÜNZEN

Diese Gestalt ist aus dem Dunkel Ihres eigenen Schattens herausgetreten und geht nun mit sich selbst schwanger. Sie wird sich selbst gebären! Das heißt, daß Sie Ihre eigene Kreativität gebären und Ihre innere Vision aus sich herausholen und sichtbar machen. Das kann auch den Wunsch nach einem leiblichen Kind bezeugen. Eine fast jungfräuliche Energie, die bereit ist, eine neue Identität anzunehmen, um geistig oder körperlich ›Mutter‹ zu werden.

Im geistigen Sinne symbolisiert diese Karte den Entschluß, daß Sie Ihr in dieses Leben mitgebrachtes Potential verwirklichen. Gaben und Wissen aus anderen Leben können jetzt ungehindert ans Tageslicht treten und Sie im wahrsten Sinne des Wortes überraschen. Etwas, was Sie früher gelernt haben, steht Ihnen nun wieder zur Verfügung und macht Ihnen bei seiner Ausführung keine Mühe.

Auch geistige Erneuerung und die Veränderung von Werten

und Lebensanschauungen fällt in die Kraft der Prinzessin der Scheiben. Eine Sache im äußeren Leben, eine Arbeit, die Ihnen wichtig ist, steht vor ihrer Vollendung. Genießen Sie die Vorfreude auf das Neue und Unbekannte, und bereiten Sie sich auf diese innere Geburt Ihres kreativen Selbst vor.

Diese Karte ermahnt aber besonders uns Frauen auch, nicht zu voreilig zu handeln, wenn es sich um noch ungelegte Eier handelt. Zu oft schon wurden die Keime neuer Impulse zerredet und mit Zweifeln beladen. Es ist sehr wichtig, die Geburt des Neuen nicht beschleunigen zu wollen, sondern alle neuen Visionen und Ideen heranreifen zu lassen, ihnen Zeit zu geben, sich vollends zu entwickeln. Grün gepflückte Früchte schmecken nicht und verderben unseren Magen. Genauso ist es auch auf geistigem Gebiet. Zuviel unausgegorene Gedankenschleifen verstopfen unseren Verstand und machen uns träge. Wir müssen jetzt dieselbe Geduld aufbringen, die wir auch besitzen müßten, wenn wir ein leibliches Kind austrügen.

Geduld und die Fähigkeit, auf den richtigen und reifen Moment zu warten, ist wahrlich eine Gabe, die anzustreben sich lohnt. Zu oft auch halten wir aus Angst an alten Lebensweisen fest. Diese Prinzessin aber gibt uns ein wichtiges Zeichen, nämlich sich voller Freude auf das Neue, das Unbekannte in unserem Leben vorzubereiten. Das können wir, indem wir einen inneren wie äußeren Raum kreieren, in dem diese geistige oder auch körperliche Geburt in Ruhe und Vertrauen stattfinden kann, ohne Drängen, ohne Störung, sondern mit viel Liebe und Hingabe an uns selbst und dem Mut, unsere eigenen Früchte auszutragen.

Wir Frauen haben die angeborene Fähigkeit, durch den kreativen Akt der inneren Geburt tiefe Erfüllung zu finden und diese mit anderen Wesen zu teilen.

Prinzessin der Scheiben – Kurzdeutung

Junge Mutterschaft, körperlich oder geistig.

Wenn die Karte Sie selbst darstellt

Erinnern Sie sich an Ihre Energie als junge Frau, vielleicht Anfang zwanzig, als Sie gewiß waren, das Leben bewußt und liebevoll gestalten zu können. Diese Kraft sollten Sie jetzt in sich wiederentdecken, stärken und dann manifestieren.

Wenn die Karte einen anderen bezeichnet

Eine junge Frau, die wie mühelos und schwerelos mit den Formen des Lebens umzugehen weiß und Ihnen darin Hilfe und Vorbild sein kann.

Licht

Ungetrübte Kreativität, jugendlicher Glaube an die Chancen der Zukunft, Vorbereitung eines schöpferischen Aktes.

Schatten

Missionarischer Eifer für die vermeintlich gute Sache, unnachgiebige Starrköpfigkeit.

Deutungshinweise

Rücken Sie sich selbst mit Ihren Träumen, Hoffnungen und Idealen wieder mehr in den Mittelpunkt, und nehmen Sie die Seiten in sich an, die auf geistiges oder physisches Gebären drängen. Blühende Wiesen, zarte Düfte, kleine Gewässer, liebliche Landschaften helfen Ihnen, in der meditativen Innenschau eine neue Kraft zu entdecken. Inspiration durch das Geheimnis des Frauseins auf der Schwelle zum Durchbruch in höhere geistige Dimensionen!

DIE KÖNIGIN
DER SCHWERTER ODER BLITZE

Diese Königin in Ihnen thront über der Welt und kämpft für Ihre eigene Wahrheit. Sie besitzt einen glasklaren Intellekt und den Mut, sich von alten Rollen und Masken mit einem Schlag zu lösen.

Obwohl diese Prozedur mitunter schmerzhaft sein kann, lohnt sich diese Operation allemal, denn wir gewinnen echte Freiheit!

Die mental klare und selbstsichere Frau in Ihnen verlangt den Raum, der ihr zusteht, um die Arbeit an sich selbst zu vollenden. Schwert oder Blitz in ihren Händen ist Symbol für das Potential an Scharfsinn und rascher Einsicht in die Dinge des Lebens. Als Karrierefrau ist sie imstande, auf einen Schlag Köpfe rollen zu lassen, wenn diese ein positives Wachstum in der Arbeit verhindern oder sogar sabotieren. Sie wird ihre Macht gebrauchen, wenn es nötig ist, und das ohne Vorwarnung oder süße Worte.

Entdecken auch Sie diesen Teil in sich wieder und haben Sie keine Angst, ihn auszuleben. So, wie eine Pflanze oder ein Baum oft beschnitten werden muß, um alte verdorrte Äste abzutrennen und um neues Wachstum zu ermöglichen, so schneidet auch die Königin der Schwerter oder Blitze alles von sich und rund um sich ab, was eine neue Entwicklung in einer positiveren Richtung verhindert.

Sie hat keine Furcht davor, ihre Sexualität anzunehmen und voll zu leben. Es ist ihr gleichgültig, was andere von ihr denken, sie besitzt gesundes Selbstvertrauen und hohe Intelligenz. Sie muß ihre Rolle in der Gesellschaft als Pionierin zwar weiterspielen, aber jetzt mit mehr Bewußtsein als je zuvor.

Sie haben mit Hilfe dieser Königin jetzt die Chance, einige wichtige Punkte in Ihrem Leben viel klarer zu sehen und zu erkennen, wie sehr Sie sich falsch identifiziert haben. Dies hielt Sie vielleicht oft davon ab, sich selbst treu zu bleiben und zu Ihren Ansichten zu stehen, besonders wenn es sich um intime Freunde oder den Arbeitsplatz handelt.

Es lohnt sich nicht, nur immer Harmonie zu wollen; manchmal ist es an der Zeit, die Gespenster aus den Kellern zu holen und dort gut aufzuräumen, auch wenn das nicht immer angenehm ist. Sie können es nicht allen recht machen, auf die Dauer höhlen Sie sich selbst mehr und mehr aus und werden zur Marionette. Sprechen Sie direkt und ehrlich mit allen, die Ihnen wichtig sind, obwohl Sie vielleicht nicht Ihrer Meinung sind. Auf lange Sicht erfahren Sie durch dieses Verhalten mehr Respekt.

Was jetzt ansteht, ist, sich selbst treu zu bleiben. Ihre innere Klarheit und Ihr Mut, zu sich zu stehen, wird sich in Ihren Beziehungen positiv widerspiegeln.

Eine Frau, die weiß, was sie will – und es auch bekommt!

Wenn die Karte Sie selbst darstellt
Lassen Sie sich jetzt auf keinen Fall ›unterbuttern‹, sondern vertreten Sie Ihren Standpunkt zwar freundlich, aber dennoch glasklar.

Wenn die Karte einen anderen bezeichnet
Eine starke Frau, die eine hilfreiche Freundin oder eine gefährliche Gegnerin sein kann.

Licht
Wahrheitsliebe ist diesen Menschen wichtiger als ein großer, aber oberflächlicher Freundeskreis. Diese Frau spielt keine Rollen und trägt keine Masken mehr.

Schatten
Unter Umständen zu scharfzüngig und übertrieben kritisch; mangelhaftes Mitgefühl für sich selbst und für andere.

Deutungshinweise
Die hart erarbeitete Klarheit bedeutet Freiheit. Nutzen Sie diese Zeit, um Hindernisse im Sturm zu überwinden. Reißen Sie innere Gefängnismauern nieder. Starker Verstand, gepaart mit Intuition und Intelligenz. Sie können jetzt anderen Frauen ein mutiges Beispiel geben, aus veralteten Rollen auszusteigen. Wind und Wetter, Freiheit und Luft beflügeln Sie. Steigen Sie aus einengenden Gruppenbezügen aus. Mann oder Partner müssen schon recht erwachsen sein, um dieser Frau gerecht zu werden. Lassen Sie Ihr Alltagsbewußtsein hinter sich, erweitern Sie Ihre Horizonte – innen und außen –, und nehmen Sie sich und die Welt auf neue Weise wahr.

KÖNIG der SCHWERTER

Ritter der Schwerter R

DER KÖNIG
DER SCHWERTER ODER BLITZE

Dieser zielgerichtete Archetypus einer bestimmten männlichen Energie ist ein gewandter Redner. Neue Gedanken und Impulse fallen ihm blitzschnell zu, und er ist dadurch in der Lage, sich schnell und präzise mitzuteilen und seine Zuhörer für seine Vorhaben zu begeistern. Er ist der erwachsen gewordene Prinz, der nun als weiser und reifer Ritter oder König seine Ziele mit geistiger Entschlossenheit verfolgt und durchsetzt. Seine mentale Konzentrationskraft hilft ihm, sein gesetztes Ziel ohne viele Mühen zu erreichen. Es gibt immer wieder Zeiten im Leben, wo wir genau diese Gaben in uns wiedererwecken können und ungeahnte Fortschritte in unserem beruflichen wie privaten Leben machen können. Wenn Sie die Gegenwart dieses Königs in sich spüren und erkennen, daß auch Sie seine Kräfte zur Verfügung haben, werden Sie nicht ruhen können, bis Sie Ihr erträumtes Ziel erreicht haben. Und dazu ist jetzt der rechte Zeitpunkt gekommen.

Der König der Schwerter oder Blitze hat beide Energiepotentiale, das männliche und das weibliche, harmonisch in sich vereint. Er kann aus beiden Kraftquellen schöpfen, wenn er Sie jetzt dazu anregt, Ihren eigenen inneren König anzunehmen.

Im äußeren Leben kann er Symbol für einen intelligenten, scharfsinnigen und weitsichtigen Mann sein, der in Ihr Leben tritt. Er ist in Verbindung mit seinen Gefühlen und schämt sich nicht, diese auch auszudrücken. Sein tiefes Empfindungsvermögen und die dazugehörige Leidenschaft ermöglichen ihm seinen Erfolg. Gepaart mit einem brillanten Kopf ist er ein ernstzunehmender Partner, der Ihnen mit überlegtem Rat und guter Tat beiseite stehen kann.

Wenn Sie diesen Aspekt sehr stark in sich spüren, bangen Sie nicht um Ihre Weiblichkeit! Sie sind nicht ›unweiblich‹, wenn Sie nun auf einer anderen Bewußtseinsebene sind und dadurch völlig neue und unerwartete Impulse erhalten. Unser Leben verläuft nicht linear. Immer wieder haben wir die Chance, einen Einblick in höhere Ebenen zu erfahren, wenn wir nicht so kategorisch an unserer selbstgebastelten Welt festhalten.

Wir selbst haben unser jetziges Weltbild ins Leben gerufen und uns den Rahmen geschaffen, in dem wir uns einigermaßen sicher fühlen. Diese Sicherheit jedoch braucht der König der Schwerter oder Blitze nicht (mehr). Er liebt die Bewegung und fühlt sich dann lebendig, wenn er nicht stillstehen muß, sondern seine Abenteuerlust auch ausleben kann.

Vielleicht haben Sie schon lange einmal davon geträumt, diesen Aspekt in sich zu verkörpern. Dazu ist nun Gelegenheit. Geben Sie sich einen Ruck und setzen Sie sich in Bewegung, selbst wenn es zunächst nur in Gedanken ist und Sie noch kein so klares Ziel vor sich sehen. Durch Bewegung erhalten Sie im Augenblick mehr Dynamik und Energie, aus der Einsicht und Durchblick erwachsen, als durch Abwarten.

König der Schwerter – Kurzdeutung

Klares Denken, scharfsinnige Analyse, rasche Entscheidung und zielgerichtetes Handeln.

Wenn die Karte Sie selbst darstellt
Fördern Sie Ihre Entschlußfreude, bleiben Sie nicht passiv, sondern werden Sie aktiv!

Wenn die Karte einen anderen bezeichnet
Ein souveräner Mann, der mit Vernunft und Kraft agiert, Sie vielleicht in seinen Bann schlägt oder Ihnen lang ersehnte Unterstützung schenkt. Möglicherweise ein leidenschaftlicher und unterhaltsamer Liebhaber.

Licht
Klarheit, Entschlossenheit und Zielstrebigkeit; Ideale und die Kraft, sich dafür wirksam einzusetzen.

Schatten
Vielleicht ein Mangel an Geduld und Anhören anderer Standpunkte sowie Rücksichtnahme auf ›schwächere‹ Menschen.

Deutungshinweise
Lassen Sie sich jetzt von einer neuen Woge der Begeisterung aufwärts tragen, zögern Sie nicht länger. Pflegen Sie den mentalen Austausch, das intelligente Gespräch. Wissenschaft, Schriftstellerei und andere Bereiche, in denen der Intellekt Ergebnisse formulieren kann, sind jetzt begünstigt. Man glaubt an sich und ist notfalls bereit, aus den üblichen Bahnen auszubrechen.

DER PRINZ
DER SCHWERTER ODER BLITZE

Der junge Prinz kämpft noch mit sich und den Ideen zu seiner Selbstverwirklichung. Er hat hochfliegende Pläne und Ideale, die sich aber nicht sofort materialisieren. Zuviel geht noch in ihm vor, und es fällt ihm deshalb schwer, wirklichkeitsnah und erdgebunden zu denken. Er gehört in das Reich der ungebundenen Gedanken, und seine kreativen Versuche, Gedankengebilde zu manifestieren, brauchen ihre Zeit.

Wenn dieser Prinz in Ihrem Tarot-Reading erschienen ist, dann ist es im Augenblick besser, ›nicht alle Eier in ein Nest zu legen‹ und dann keine Reserven mehr übrig zu haben, wenn sich die Hoffnungen nicht realisieren lassen.

Des Prinzen Kräfte liegen in seinen kreativen Gedanken. Wenn Sie seine Energie, die luftig, leicht und ungebunden ist, in sich fühlen und viele neue Ideen zu Ihnen kommen, so lassen Sie sich nicht dadurch entmutigen, daß die Manifestation dieser Visionen eine Zeit der Reife und des Austragens voraussetzt.

Um unseren inneren Horizont und unsere Visionskraft zu erweitern, dürfen Sie sich im Augenblick nicht zu stark auf eine bestimmte Sache und deren Durchführung konzentrieren. Es ist besser, einen freien Gedankenfluß zu erlauben und sich mit Menschen auszutauschen, die sich in ähnlichen Situationen befinden und auf deren Verständnis Sie bauen können. Gleichgesinnte Partner und Partnerinnen sind eine Quelle der Inspiration, und es lohnt sich, gemeinsam zu träumen!

Um richtig zu träumen, ist ein hohes Maß an innerer geistiger Freiheit notwendig, sonst kann die Seele ihre Flügel nicht erheben, und das Herz schlägt flach und lustlos. Dieser Prinz in Ihnen ist ein Visionär, gebrauchen Sie seine Kräfte, lösen Sie sich für einen Augenblick von Ihren täglichen Verantwortungen und gestatten Sie sich den Luxus zu träumen.

Denn nur so kann das Gewünschte eines Tages Wirklichkeit werden auf dieser Erde. Letztlich empfinden wir dann eine tiefe innere Befriedigung, wenn wir unseren kreativen mentalen Kräften freien Lauf lassen können, ohne gleich immer auf das Ziel zu schauen, das erreicht werden soll. Im simplen Akt der unschuldigen, kindlichen Kreativität sind wir uns selbst am nächsten und finden die ersehnte Erfüllung.

Schöpferische Gedanken brechen sich Bahn.

Wenn die Karte Sie selbst darstellt
Lassen Sie sich getrost auf die männliche Kraft in Ihnen selbst ein, die den Himmel erstürmen will.

Wenn die Karte einen anderen bezeichnet
Ein jugendlich wirkender Mann, der noch träumen kann und der Sie mit seinen Träumen neu inspiriert.

Licht
Eine Kämpfernatur, die sich praktisch wie von selbst aus aufgezwungenen Einengungen und traditionellen Begrenzungen befreit.

Schatten
Hang zum Fanatismus, der wachstums- und entwicklungshemmend wirken kann.

Deutungshinweise
Jetzt können Sie mit Hilfen rechnen, überlebte mentale Bindungen zu lösen, alte Gedankenmuster abzulegen und den Blick wieder in die höchsten Sternenwelten zu richten. Konzentrationsfähigkeit, mentale Kreativität und rasche Auffassungsgabe sowie schnelle Entscheidungen sichern jetzt wichtige Vorsprünge. Rednertalent kommt zum Zuge. Ein wacher Geist verlangt nach Inspiration: durch gute Bücher, Eindrücke von Reisen oder Erlebnisse in Innenwelten. Und das mag man in Wort oder Schrift mit anderen teilen.

BUBE der SCHWERTER

Prinzessin der Schwerter

DIE PRINZESSIN
DER SCHWERTER ODER BLITZE

Diese Prinzessin, dieser Aspekt in Ihnen, kämpft manchmal gegen die eigene Gefühlswelt mit Gedanken an. Sie nutzt auch chaotische und störende Einflüsse zu ihren Gunsten und zum Wachstum. Sie versucht oft, ihre Gefühle gedanklich in Schach zu halten, oder sie nutzt den Blitz oder das Schwert auch umgekehrt und trennt sich wie mit einem Schlag von alten Gedankenkreisen, die sie immer wieder in emotionale Sümpfe ziehen wollen.

Es könnte sein, daß diese Prinzessin Ihnen den Rat gibt, nicht weiter an einer Situation festzuhängen, in der seit langer Zeit nichts mehr voran geht, die Sie aber immer noch benutzen, um in Ihnen Trübsal und Selbstmitleid zu nähren. Ergreifen Sie Ihr inneres Schwert und lösen Sie sich endlich von Dingen oder Menschen, die Sie einengen und psychisch und emotional belasten. Haben Sie keine Furcht vor Veränderung in Ihrem Leben: Aus allem vermeintlichen Chaos

157

entsteht immer wieder das Neue und Schöne. Wenn wir uns erlauben, zu lange an abgestorbenen Verbindungen festzuhängen, töten wir uns selbst Stück für Stück ab. Das ist leider oder Gott sei Dank eine Tatsache, und Sie kommen nicht umhin, die Wahrheit dieser Dynamik zu erkennen.

Zumindest erobern Sie sich den Raum, um einmal ungestört zu sein und ohne Schuldgefühle Ihren eigenen Gedanken und Gefühlen nachzuspüren. Meist sind wir alle zu sehr im Äußeren gefangen, um noch zu wissen, was wirklich in uns vorgeht. Geistige Klarheit braucht Raum und Zeit, um sich auszudrücken, und aller alter Plunder, ob nun gedanklich, emotional oder materiell, behindert diesen befreienden Ausdruck unserer selbst.

Die Prinzessin der Schwerter oder der Blitze zerschlägt mutig Türme der Trauer und erkämpft sich zielbewußt den Weg zu einer neuen Bewußtseinsebene, auf der die Geister der Vergangenheit keinen Einfluß mehr ausüben können. Auch wenn es sich so anfühlen mag, als ob wir Teile unseres Selbst hinter uns ließen, wenn wir alte Gedankenstrukturen und Meinungen ablegen, so ist es doch der einzig wahre Schritt, den wir in bezug auf unsere Selbstheilung unternehmen können.

Alte Fassaden müssen fallen, um frischem Wachstum Platz zu machen, und negative Stimmungen können überwunden werden, um einer gelasseneren Lebensanschauung Raum zu gewähren. Das Schwert oder der Blitz der Prinzessin hilft Ihnen, Klarheit zu schaffen und Ihre Situation von einer höheren Warte aus zu sehen.

Mut zu Klarheit, Wahrheit und Licht!

Wenn die Karte Sie selbst darstellt
Fassen Sie wieder Mut, erinnern Sie sich an die Begeisterungsfähigkeit und den Idealismus früherer Zeiten, in denen Sie sich stark genug fühlten, die Berge der gesellschaftlichen Ignoranz und Intoleranz zu versetzen.

Wenn die Karte einen anderen bezeichnet
Ein Mädchen oder eine junge Frau, die sich mit ungebrochener Kraft auf ihre Probleme stürzt und ihrer Herr zu werden versucht. Sie geht den schwierigen Seiten des Lebens nicht aus dem Wege.

Licht
Kämpferischer Einsatz für eine neue Freiheit, auch wenn dies einen Abschied von liebgewonnenen Gewohnheiten mit sich bringt.

Schatten
Verhaftung an düsteren Stimmungen und Gedankenmustern.

Deutungshinweise
Nutzen Sie diese Impulse und Ermunterungen, Ihr Glück mit neuer Kraft anzustreben, es ernst zu nehmen und an sich selbst zu glauben. Setzen Sie sich für Klarheit und aufrichtige Kommunikation ein, notfalls auch streitbar. Vielleicht bietet sich eine Gelegenheit, bei einer humanitären Aktion, die über die Kleingemeinschaft hinausgeht, mitzumachen. Eine Zeit, Wagnisse einzugehen, Altes loszulassen oder abzubrechen und mit frischem Selbstbewußtsein Ihr Leben neu zu gestalten. Gruppenarbeit oder Workshops, bei denen es um Ursachen emotionaler Unsicherheit geht, vermitteln dazu notwendige Hilfen.

Die Zahlenkarten: 40 Zeitbilder

Die ›Zahlenkarten‹ stehen im ›Tarot für Frauen‹ als Sinnbilder kurzfristiger Einflüsse und Ereignisse und nur zeitweilig wirkender Aktionen und Reaktionen in unserem Alltag.

Sie geben nicht die wichtigen Lebensthemen, die emotionalen Probleme, die seelischen Sehnsüchte, die großen Visionen an wie die 22 Karten der großen Arcana und bezeichnen auch nicht konkrete Personen, wie die Personen- bzw. Hofkarten.

Wenn Zahlenkarten in einem Reading auftauchen, so sind das Zeichen für fördernde und hemmende Elemente, für Faktoren, die nur ein paar Tage lang eine Rolle spielen, für eine gewisse Gemütsverfassung oder ›Stimmungsfärbung‹, die Sie eine kurze Zeit lang erleben.

Die Deutung der Zahlenkarten richtet sich weniger nach den sehr unterschiedlichen, rein subjektiven Bildinhalten, die von den Künstlern und Tarotinitiatoren ausgedacht wurden, sondern hauptsächlich nach drei Punkten:

- Zu welcher ›Farbe‹ gehört die Zahlenkarte, und welche Arten und Qualitäten von Einflüssen repräsentiert sie demnach?
- Was bedeutet die Zahl selbst, was ist ihre numerologische Deutung?
- Für welche Zeitspanne gilt der von dieser Karte jeweils dargestellte Einfluß?

Dazu drei Erläuterungen in einer praxisorientierten Übersicht.

Die vier Farben repräsentieren folgende Qualitäten:

Stäbe: Luft, Geist, Austausch, Intuition, Ideale, Kommunikation; bei unbewußtem Leben verpaßte schöpferische Chancen.

Kelche (Blüten): Wasser, seelische Empfindungen, Sensibilität, Anpassung, Liebe; unbewußt: sich in Gefühlen verlieren.

Münzen (Scheiben): Erde, Besitz, Struktur und Form, materielle Interessen; bei unbewußter Lebensführung materialistisch eingestellt.

Schwerter (Blitze): Feuer, Energie, Intellekt, Einsatzfreude; im unbewußten Leben Rücksichtslosigkeit.

Die Zahlenwerte stehen für folgende Schlüsselbegriffe:

1: Neubeginn, Aufbruch, Überraschung, Ichwille, Libido
2: Begegnung, Sehnsucht, Polarität, Auseinandersetzung
3: Schöpferischer Aufbau, Kreativität, Ichaufgabe
4: Sicherheit, Struktur, Formgebung, Einengung
5: Vermittlung, Freiheit zur Entscheidung, Neuorientierung
6: Harmonie, Lebensfreude, Sensibilität, Eros
7: Umbruch, erzwungene Veränderung, Fremdentscheidungen
8: Lebendiger Energiefluß, Fülle, materialistische Einstellung
9: Abschluß, Vollendung, Ablösung, Verinnerlichung
10: Durchbruch nach beharrlichem Einsatz, Selbstbestimmung

Die 1 ist das, was in vielen Decks als ›As‹ bezeichnet wird.

Die Dauer, wie lange die Einflüsse aus Innenwelt und Umwelt wirken, welche von den Zahlenkarten symbolisiert werden, ergibt sich in etwa ebenfalls aus den Zahlenwerten, und zwar:

1 und 2: Nur einige wenige Tage, vielleicht sogar nur Stunden.

3 und 4: Einige Tage bis zu einer Woche.

5 und 7: Völlig unbestimmt und offen, fluktuiert sehr stark zwischen wenigen Stunden bis zu mehreren Wochen.

6 und 8: Einige Tage bis ein oder zwei Wochen.

9 und 10: Ein bis mehrere Wochen.

Das heißt für die Alltagspraxis, daß man vor allem bei den Chancen von 1 und 2 rascher erkennen und schneller zupacken muß, um sie zu nutzen. Bei 9 und 10 bedarf es auf jeden Fall eines etwas längeren Atems, um die durch diese Karten angezeigten Möglichkeiten zu verwirklichen.

1 (As)

Sie können sich in der nächsten Zeit zu einem
regelrechten Energiebündel entwickeln. Reiten Sie auf
dieser günstigen Welle der belebenden Kräfte,
die Sie jetzt in und um sich herum zu spüren bekommen.
Eine wunderbare Zeit, in der Sie energetisch
auf der Höhe sind.

2

Sie versuchen, eine Situation zu kontrollieren
oder zu beherrschen. Dazu bedürfen Sie nicht nur eigener
Konzentration, sondern einer Art von Einver-
ständnis von den Partnern. Gemeinsamer Aufbau,
männliche Kraft.

3

Ein ›reines Herz‹, unschuldiges Selbstvertrauen,
Tugend, Gradlinigkeit; innere Ruhe und
Zufriedenheit. Auf diesem Fundament kann man
kreative Impulse in der Wirklichkeit
manifestieren.

4

Vervollkommnung, etwas beenden, einen Zyklus
durchlaufen. Das Ende einer Aufgabe oder
Beziehung. Ein Kreis schließt sich. Ein positiver
Aspekt dieser Karte ist, daß eine neue Festigkeit gewonnen wird.

5

Chance, sich mit dem freien Willen zu entscheiden,
wohin die weitere Reise des Geistes,
der Gedanken und Visionen gehen soll. Vielleicht
auch viel Mühe und womöglich vergeb-
liche Anstrengungen in der falschen Richtung.

6

Günstige Einflüsse, Bemühungen werden von
Erfolg gekrönt, der Erfolg ›fällt zu‹. Harmonie und
Freude im Lebensfluß.

 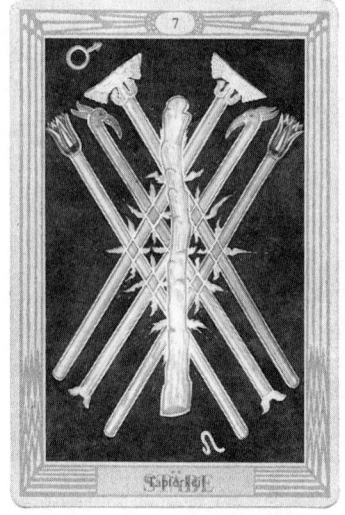

7

Sie sehen sich unfreiwillig Situationen gegenüber,
die von außen zu kommen scheinen und
doch ›karmisch handgestrickt‹ sind, auch wenn Sie
das jetzt (noch) nicht (mehr) so sehen.
Gegen Hindernisse angehen, nicht aufgeben,
an sich selbst glauben, sich ›durchboxen‹.

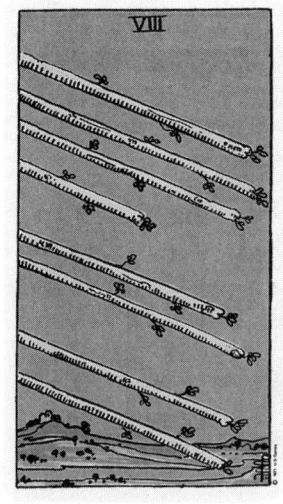 

8

Rasche und genaue Kommunikation,
Überwindung von Zweifeln. Man versucht, einen
eigenen Standpunkt zu markieren und
zu vertreten. Lösung mentaler Blockaden.
Bisweilen Orientierungslosigkeit.

9

Die Übersicht bzw. der Mut, etwas zu vollenden
und weiterzugehen. Die Kraft,
loszulassen. Selbsterkenntnis, innere Lösung.

 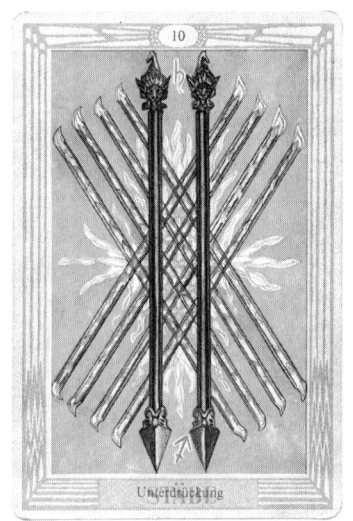

10

Durchbruch zu einer höheren Ebene des
Bewußtseins, Freisetzung eines größeren Energie-
potentials, Programme der Selbstsabotage
erkennen und davon frei werden.

Kelche (Blüten)

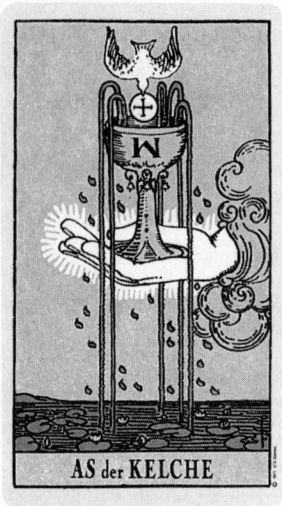

AS der KELCHE

1 (As)

Emotionaler Aufbruch, Überschwang der Gefühle,
Genuß und Ekstase, Selbstliebe,
Ausgewogenheit im Geben und Empfangen.

2

Glückliche Liebe, harmonische Beziehung,
auch platonische Liebe; Reinheit der
Gefühle, Sehnsucht nach Verschmelzung,
wahre Zuneigung.

3

Ein neuer kreativer geistiger Raum öffnet sich,
Überfluß und Fülle auf allen Ebenen,
besonders in Herzensangelegenheiten. Zeit, wunsch-
los zufrieden zu sein und das zu genießen.

4

Sicherung von Genüssen, Luxus,
Wohlstand, schönes Heim. Sie können Lebensfreude erfahren, ohne von
etwas abhängig zu sein oder zu werden.

5

Eine Entscheidung in Gefühlsdingen steht Ihnen
offen, die Sie treffen können, aber (noch)
nicht müssen. Es gilt, neue Chancen zu erkennen und
umzudenken. Durch überhöhte Erwartungen kann
es zu Gefühlschaos kommen.

6

Eros und sinnlicher Genuß spielen
jetzt eine wichtige Rolle für Ihr Leben. Lassen
Sie sich einfach fallen und vertrauen Sie
Ihrer inneren Gefühlswelt.

7

Nun werden Sie nicht mehr nach Ihrer Meinung
gefragt – das Leben hat für Sie entschieden.
Also stellen Sie sich auf die neue Situation ein und
beginnen Sie, Angst vor Enttäuschung in
einer Beziehung zu überwinden, alte Denkmuster und
Gefühlsreaktionen aufzulösen und sich vor
Mißbrauch der Lebensenergien bewußt in acht
zu nehmen.

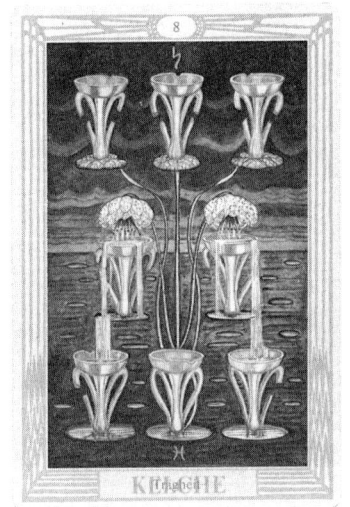

8

Gestaute Energien können wieder fließen,
sanfte Gefühle von Harmonie stellen sich ein.
Lassen Sie sich aber nicht dazu verleiten,
deshalb Ihre Einsatzfreude aufzugeben und sich
vorzeitig auf vermeintlich errungenen
Lorbeeren auszuruhen.

9

Eine gut bestrahlte Zeit, um Lösungen
für Herzensprobleme zu finden oder auf organische
Weise sich von Altem abzulösen.
Sie können jetzt wirklich zu sich selbst finden!

 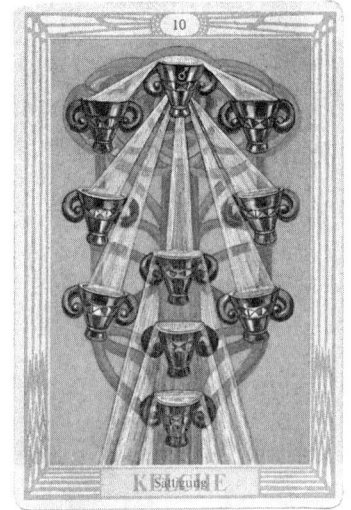

10

Aufstieg, Glück, Anerkennung, Erfüllung,
Beginn einer neuen Phase, in der Sie souverän, energisch
und gelassen zugleich, mit Gefühlen
umzugehen wissen. Sie brauchen sich nicht
mehr zurückzuhalten, sondern
können Ihre Gefühle annehmen und ausleben.

Münzen (Scheiben)

1 (As)

Manifestation auf konkreten, äußerlich
greifbaren Ebenen. Vereinigung von Geist und Materie.
Reichtum, Schöpferkraft, gutes Gelingen
und Erfolg!

2

Langsame, aber stetige Wandlung,
Austausch von Werten und Fähigkeiten; männliche
und weibliche Energien beginnen,
sich auszugleichen.

3

Gemeinsame Arbeit, die sinnvoll ist und
erfüllt. Günstige materielle Lebensumstände; Hilfe
von außen. Gleichmut und Beharrlich-
keit sind jetzt gefragt oder schon vorhanden.

 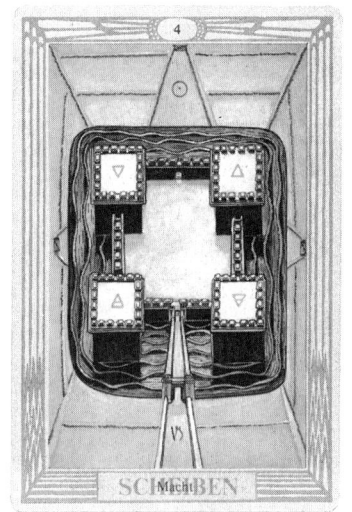

4

Erdige Basis für eine Beziehung,
gemeinsames Heim, selbst erarbeitete Geborgenheit. Stabile Fundamente auch in anderen
Lebensbereichen.

5

Wahlfreiheit, welche materiellen Ziele
Sie jetzt verfolgen wollen. Wunsch nach oder Angst
vor Selbständigkeit. Vielleicht auch
Zweifel und Unsicherheit in bezug auf Veränderungen der Form einer Beziehung.

6

Eine gute Phase für partnerschaft-
lichen Geschäftserfolg. Erotisches Erleben beglückt
und inspiriert die Fantasie und
macht Manifestationen im Außen möglich.

7

Sie fühlen sich, als ob Sie nicht handeln
können oder wollen. Ihnen wird anscheinend eine
Stagnation der Entwicklung auferlegt. Erkennen
Sie die Ängste, die dahinter stehen mögen, zum Beispiel
Furcht vor Mißerfolgen im Beruf oder vor zu
großer Verantwortung.

8

Umsicht und Klarheit führt zum Erfolg.
Eine Zeit, in der das rechte Maß an Geduld erforderlich
ist, damit sich die Dinge nach ihrer Zeit
entfalten können. Bringen Sie das Vertrauen auf,
nicht alles kontrollieren zu wollen.

9

Ein erfolgreicher Abschluß, eine Belohnung
für Ihre Mühen. Die Vollendung
einer Angelegenheit bringt etwas zum glücklichen
Abschluß – auch wenn Sie das vielleicht
so noch gar nicht sehen.

 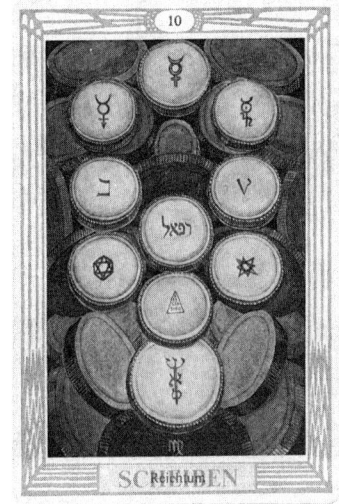

10

Durchbruch im Geschäftsleben, Erfolg
in finanzieller Hinsicht, Anerkennung im Beruf,
Höhepunkt in der Karriere. Jetzt dürfen
Sie Ihre Kraft und Ihr Durchsetzungsvermögen
ruhig einsetzen!

SCHWERTER (BLITZE)

1 (As)

Höhere Vision und Inspiration; klares Denken,
auch geniale Eingebungen. Befreiung
von alten Gedankenmustern. ›Es wird Licht!‹

2

Ehrliche Kommunikation mit dem Partner,
auch innerer Friede. Wunsch nach
einem ausgewogenen Gleichgewicht, gleichzeitig
die Kraft, keine faulen Kompromisse zu
schließen oder sich des lieben Friedens willen
unterdrücken zu lassen.

3

Kreativer Ansporn, Geduld bei mentalen
Entscheidungen. Mitunter
Hinweis auf eine Dreier-Beziehung? Sie spüren
eine Notwendigkeit, schöpferisch
tätig zu werden.

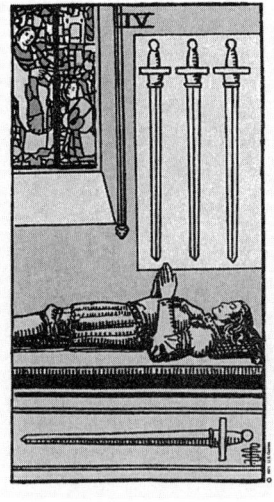 

4

›Time out‹, also eine Pausenzeit, in der
Sie sich neu orientieren können und sollten, um
wieder Klarheit im Denken zu ge-
winnen. Nutzen Sie diese Zeit, um innezuhalten
und neue Kräfte zu sammeln.

5

Eine Veränderung klopft an Ihre geistigen
Türen. Neue Erfahrungen wollen
gemacht werden; Entscheidung zum Risiko.
Eventuell Angst vor Mißerfolg.

6

Gedankliche Befruchtung; erotische Beziehung,
die auch mental erlebt und genossen
wird. Gemeinsame Träume zur Vereinigung
und Verwirklichung von Ideen.

7

Jetzt heißt es, Vorsicht und Umsicht
walten zu lassen. Sie fühlen sich sehr verletzlich
und ecken vielleicht mit manchen zu
schroffen Worten auch unnötig an. Negativen
Gedanken und Angst vor Auflösungen
begegnen Sie am besten, indem Sie sich im
Freien lange Zeit kräftig bewegen und
die Harmonie der Natur auf sich wirken lassen.

8

Störende Einflüsse machen einem
harmonischen Energiefluß Platz. Hektisches
Denken verlangsamt sich, Sie
finden eine neue, dynamische Balance.

9

Ideen und Werte verändern sich.
Schmerz empfinden wir nur dann, wenn wir
unnötig an altem festhalten. Jetzt lösen
sich mentale Barrieren auf, wir finden mehr
zu uns selbst.

SCHWERTER Untergang

10

Vergangenes Erleben von Chaos, bestandene
Herausforderungen und durchlebte und bewältigte Probleme bilden nun einen Erfahrungsschatz,
auf dessen Basis wir zu völlig neuen Denkweisen
und einer intensiven, individuell bestimmten
Lebensführung aufbrechen.

Das Mandala
und andere Legesysteme

Legen Sie Tarotkarten dann, wenn Sie sich danach fühlen. Ich ziehe Karten für mich selbst nur in gewissen Abständen von mindestens ein paar Tagen oder einer bis mehreren Wochen – es sei denn, daß sich etwas ganz Neues ereignet und meine Situation dadurch wesentlich anders wird. Es macht aber gar nichts, wenn Sie mit den Tarotkarten anfangs einfach auch nur spielen und mehrfach ziehen.

Für eine aussagekräftige Sitzung empfehle ich, sich genug Zeit zu nehmen, mindestens eine viertel bis eine halbe Stunde. Setzen Sie sich gemütlich und entspannt hin, atmen Sie einige Male gelassen und tief ein und aus, vielleicht haben Sie eine Kerze angezündet oder Räucherstäbchen glühen, oder Sie haben sich eine gute Tasse Tee oder Kaffee gemacht und genießen es jetzt richtig, sich für sich selbst Zeit zu nehmen!

Mischen Sie die Karten sorgfältig, andächtig, auf Ihre Frage hin gesammelt. Während Sie mischen, können Sie sich verschiedene Aspekte der Frage durch den Kopf gehen lassen. Bitte formulieren Sie Ihre Frage so klar wie möglich, bevor Sie aufhören zu mischen oder zumindest bevor Sie ziehen. Das hilft, zu deutlicheren Antworten zu kommen. Einige wenige Fragebeispiele: Was ist der nächste Schritt bei ...? Welche Themen bringt der Wechsel von ... (Wohnung, Partner, Stellung)? Wo liegen die Gründe für die Probleme mit ... (Menschen, Dingen)? Wie kann ich meine Kreativität entwickeln? Sicher kommen Sie selbst noch auf ganz andere Fragen, die Ihnen persönlich näherliegen.

Breiten Sie die Karten vor sich auf dem Teppich oder einem Tisch mit der linken Hand im Halbkreis aus. Sie können nur eine einzige Karte ziehen, oder Sie ziehen aus diesem Halbkreis die Anzahl der Karten, die Sie für das jeweilige Legesystem brauchen. Sie können die Karten natürlich auch aus dem Kartenhaufen ziehen oder sogar von oben nacheinander herunternehmen. Lassen Sie sich im Zweifelsfall intuitiv von innen leiten.

DAS MANDALA ODER
DER KREIS DER GANZHEIT
(12 oder 13 Karten)

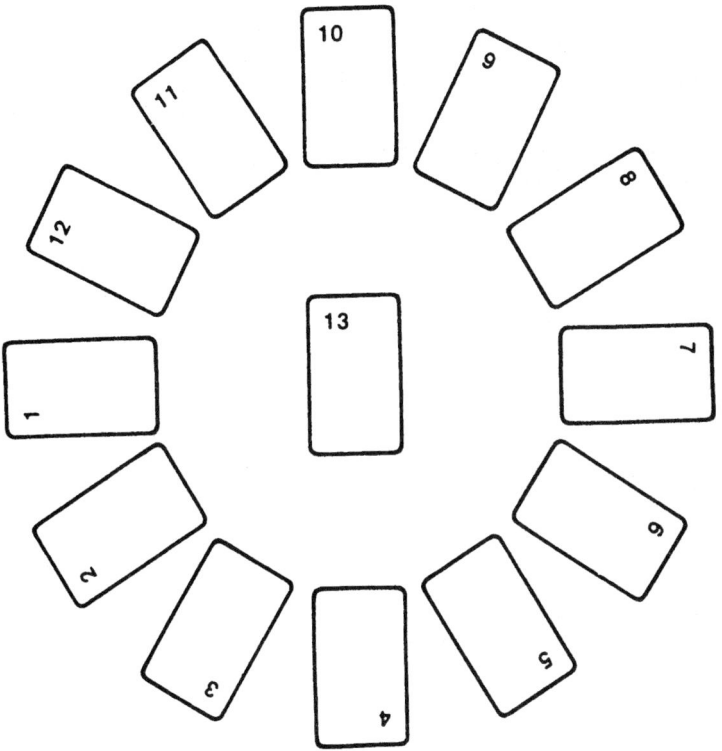

Die erste Frage bezeichnet jeweils die Deutung, die ich persönlich dieser Karte in meiner Form des ›intuitiven Tarots‹ gebe. Die nächsten Zeilen spiegeln eine ›astrologische‹ Interpretation wider, wenn man diese Legeart als ›Horoskop-Mandala‹ benutzt.

1. Karte: Was bewegt sich gerade jetzt?

Mit welcher Einstellung und Energie trage ich meinen Fragegegenstand in die Umwelt?

Diese 1. Karte steht auch für das Selbstbild, das Sie von sich haben, für die Rolle, die Sie (derzeit) im Leben spielen, und für den Selbstwert, den Sie sich zubilligen. Die Karte kann auch anzeigen, wie Sie auf andere Menschen wirken.

2. Karte: Einflüsse

Was sind die Werte, Gaben oder Fähigkeiten, die ich gewinnen oder verlieren, geben oder empfangen kann?

Die 2. Karte symbolisiert die materiellen und finanziellen Erwartungshaltungen und Verhaltensmuster, auch Chancen des Gewinns oder Risiken für Verluste.

3. Karte: Beruf

Wie kommuniziere ich über den Fragegegenstand?

Die 3. Karte deutet auf die Art und Weise, wie Sie sich austauschen, wie Sie kommunizieren und wie wichtig Ihnen echte Kommunikation überhaupt ist. Manchmal gibt es an dieser Kartenposition auch Hinweise auf kurze Reisen, wichtige Briefe oder bedeutsame Nachrichten.

4. Karte: Innere und äußere Heimat oder Haus

Was sind die tiefsten Wurzeln für meine Frage?

Die 4. Karte bezeichnet karmische Familienbindungen, die noch heute auf Sie wirken. Hier gibt es Auskunft über Ihr inneres Kind! Auch Haus bzw. Wohnung, Grundbesitz und Bezug auf Heim und Heimat werden hier angezeigt.

5. Karte: Sexuelle Energie und Eros

Welche kreativen Formen der Beantwortung stehen mir offen?

Die 5. Karte läßt Sie erkennen, mit welcher Lebensenergie oder in welcher Persönlichkeitsrolle Sie Ihre schöpferischen Fähigkeiten am besten verwirklichen.

6. Karte: Gesundheit

Was habe ich im Hinblick auf die Frage anderen zu geben oder wie kann ich anderen dienen?

Die 6. Karte fordert Sie auf, in jener Weise zu ›dienen‹, welche durch die dorthin gelegte Karte versinnbildlicht wird.

7. Karte: Worum geht es jetzt?

Was bedeutet die Frage für (m)eine Beziehung?

Die 7. Karte weist auf Partnerschaftsthemen hin. Es geht um Hoffnungen, Projektionen, Erwartungen und Spiegelungen; es geht um Ihr Partnerbild und dessen Wirklichkeit.

8. Karte: Noch nicht erkannte Einflüsse

In welchem Bereich darf oder muß ich loslassen?

Die 8. Karte zeigt, welche Ego-Krisen und Persönlichkeitsblockaden Sie noch zu erkennen und zu überwinden haben, um auf Ihrem Lebensweg voranzuschreiten. Manchmal gibt diese Position auch Hinweise auf Erbschaften oder anderen überraschenden Geldgewinn.

9. Karte: Noch nicht gemeisterte Einflüsse

Wo suche ich nach neuen Horizonten in bezug auf meine Frage oder wo hänge ich vielleicht dogmatisch fest?

Die 9. Karte stellt den Weg dar, auf dem Sie am besten zur notwendigen geistigen Transformation gelangen. Es kann sich dabei um einen spirituellen Weg handeln, um eine bestimmte Therapieform, um einen religiösen Glauben oder auch um eine weite Reise, die neue Perspektiven für Ihr Leben öffnet.

10. Karte: **Neue Vision**

Was hat die Frage mit meinem Beruf, meiner sozialen Stellung in der Gesellschaft oder meinem Engagement in der Welt zu tun?

Die 10. Karte weist darauf hin, was (Personenkarten) oder wie (Zahlenkarten) Sie etwas in der Gesellschaft erreichen können, oder welcher Antrieb (große Arcana) am meisten Erfolg bringen kann. Die 10. Position stellt oft auch die veräußerlichte Manifestation Ihres Selbstbilds dar.

11. Karte: **Hilfe aus dem Universum**

Welche Visionen verbinde ich mit dem Thema der Frage?

Die 11. Karte zeigt Menschen, die in Ihrem Leben eine Rolle spielen – als Freunde, Förderer oder ›Engel im irdischen Kleid‹, bisweilen allerdings auch Menschen, von denen Sie sich enttäuscht fühlen.

12. Karte: **Hilfe aus dem Selbst**

Wie kann ich meine Frage selbst aus meiner inneren Kraft lösen oder vollenden?

Die 12. Karte steht für Ihren bewußtzumachenden Wesenskern, für Ihr inneres Potential, für das, was Sie vielleicht schon in sich spüren, aber sich bislang noch nicht getraut haben, auszuleben.

13. Karte: **Das Ergebnis**

Die 13. Karte verwende ich im Mandala als eine Art Resümee. Sie können diese zusätzliche Karte in der Horoskopdeutung natürlich auch benutzen.

DIE ACHT DER UNENDLICHKEIT
(Acht Karten)

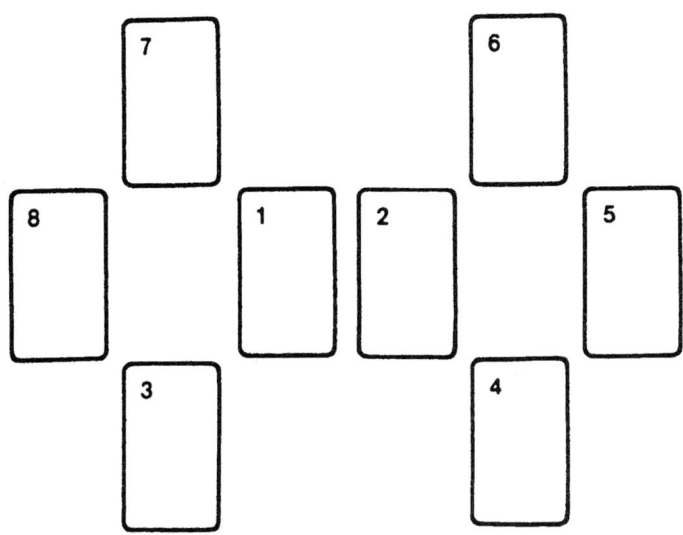

Diese Legefigur ist eine Weiterentwicklung des Kreises, eine Verdoppelung. Sie wissen ja, daß die ›Lemniskate‹, die ›liegende Acht‹, das Symbol für die Ewigkeit ist, für den immerwähren-den Strom der Schöpfung, für das unaufhörliche Fließen des Bewußtseins, für das ewige Sein, das wir unserem Wesen nach sind! Im ›Tarot für Frauen‹ deute ich die acht Karten so:

1. Anima, Yin-Kraft, Partnerin
2. Animus, Yang-Kraft, Partner
3. Karma der weiblichen Seite
4. Karma der männlichen Seite
5. Wünsche und Hoffnungen der weiblichen Seite
6. Wünsche und Hoffnungen der männlichen Seite
7. Weg, den Sie beschreiten sollten, um Ihrem Thema ge-recht zu werden bzw. Ihr Problem zu lösen
8. Ergebnis unter Berücksichtigung aller Einflüsse

Die fünf Elemente
oder die ›Magische Pyramide‹
(Fünf Karten)

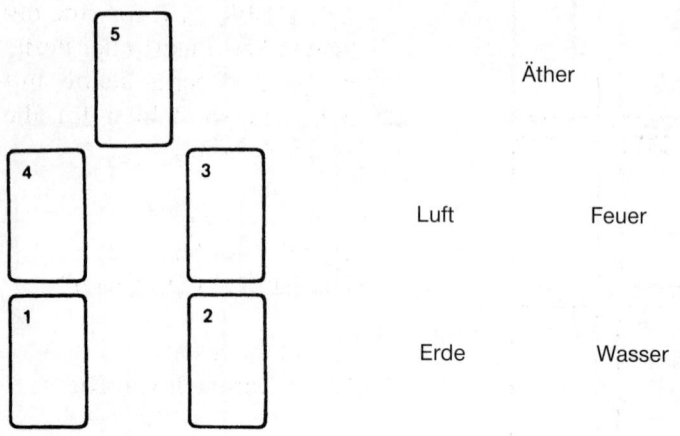

Die fünf Elemente

Erde: Unsere materiellen Bedürfnisse, was uns das Universum materiell gibt, Geld/Beruf/Karriere, Tätigkeitsfeld

Wasser: Gefühle, Anpassungsfähigkeit, Beeindruckbarkeit, Mystik

Feuer: Lebenskraft, Leidenschaft, Liebesfähigkeit, Energie, Macht

Luft: mentale Fähigkeiten, Kommunikation, Wissen, Intellekt, Sprache, Austausch, Lehren

Äther: höheres Bewußtsein, Inspiration, Vision, göttlicher Funke, Worte der MeisterInnen

Magische Pyramide

1. Karte: Was ist der Kern meiner Frage?
2. Karte: Was ist mein Potential in bezug auf den Fragegegenstand?
3. Karte: Wo sind versteckte Ängste im Hinblick auf die Frage?
4. Karte: Welche Energien kann ich einsetzen, um Erfolg zu haben?
5. Karte: Ergebnis

Der Partnerdialog

(Zehn Karten)

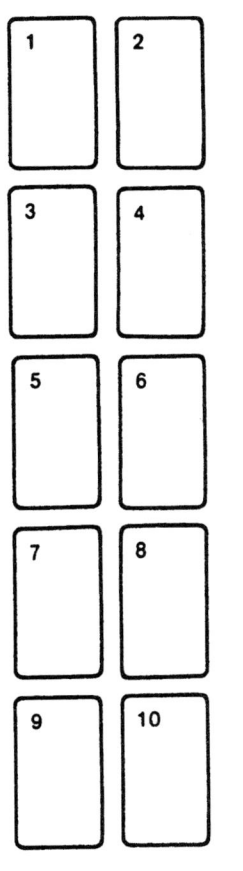

Die linke Reihe mit den ungeraden Zahlen gilt für eine der beiden Personen in der Beziehung, die rechte Reihe mit den geraden Zahlen für die zweite Person.

1. und 2. Karte:
Was kann ich Dir geben?

3. und 4. Karte:
Was erwarte ich von Dir?

5. und 6. Karte:
Was mag ich an Dir besonders?

7. und 8. Karte:
Was stört mich an Dir?

9. und 10. Karte:
Was sind unsere gemeinsamen Ziele?

DAS KELTISCHE KREUZ
(Zehn Karten)

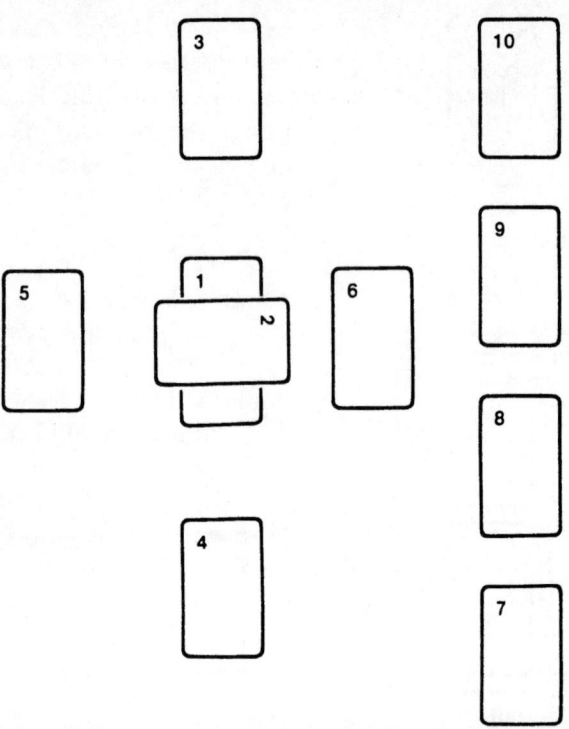

1. Karte: Was ist der Kern meiner Frage?

2. Karte: Was hilft mir oder behindert mich?

3. Karte: In welche geistige Richtung strebt der Fragegegenstand?

4. Karte: Was ist der karmische Hintergrund dafür?

5. Karte: Was war in der kürzlichen Vergangenheit wichtig?

6. Karte: Was wird in der nahen Zukunft wichtig?

7. Karte: Das ist die Fragestellerin, wie sie sich selbst sieht.

8. Karte: So sehen andere die Fragestellerin.

9. Karte: Hoffnungen und Befürchtungen für die weitere Entwicklung.

10. Karte: Resümee für das Gesamtthema, wie es sich derzeit energetisch darstellt.

Eine Auswahl
von Tarotkartensets

Es gibt eine Fülle von Tarotkarten, alte und neue, solche, die nur die großen Arcana enthalten, und andere, in denen alle 78 Karten vorhanden sind. Es ist Geschmackssache, ob man nur mit 22 oder mit allen 78 Karten arbeitet. Genauso ist es übrigens auch eine persönliche Vorliebe, ob man die Karten ›negativ‹ bzw. anders deutet, wenn sie umgekehrt gezogen werden, also ›auf dem Kopf stehen‹, oder ob man sie einfach richtig herum legt.

Hier die Namen von Decks, die im deutschsprachigen Raum besonders beliebt sind, mit ihren gebräuchlichen Namen:

Rider Waite-Tarot, Crowley-Tarot, 1 JJ Tarot, Tarot der Liebe, Marseille-Tarot, Zigeuner-Tarot, Tarot 2000, Jungianisches Tarot, Tarot der weisen Frauen, Scapini-Tarot, Herbal Tarot, Sacred Rose Tarot, Ägyptisches Tarot, Oswald Wirth, Arcus Arcanum, Tarot Classic, Golden Dawn Tarot. Es gibt bestimmt noch drei Dutzend Decks mehr!

Alle Karten, sowohl die oben erwähnten wie die sechs nachstehend kurz beschriebenen, erhalten Sie als Pack mit 78 Tarotkarten in den Esoterikabteilungen guter Buchhandlungen bzw. Fachbuchhandlungen.

Liefernachweise über AG Müller, Bahnhofstr. 21, CH-8212 Neuhausen/Rheinfall (bei Schaffhausen), Schweiz.

TAROT DER LIEBE

3 Die Urmutter

© 1991 AG Müller

Das Tarot der Liebe wurde von der amerikanischen Airbrush-Künstlerin Marcia Perry Ende der achtziger Jahre entworfen, nach Angaben von Wulfing von Rohr und Gayan Sylvie Winter. Es ist als Alternative gedacht zu den vielen Decks mit düsteren, mittelalterlich-okkulten und oft auch furchteinflößenden Karten.

Das Tarot der Liebe zeichnet sich durch lebhafte, kräftige und fröhliche Farben ebenso aus wie durch geschmeidig fließende, sinnliche Formen und durch Bildfiguren, die keine Dominanz von männlichen Gestalten zeigen. Es gibt genauso viele männliche wie weibliche Figuren. Zudem finden sich nicht nur weißhäutige Menschen in diesen Karten, sondern auch farbige, Schwarze und Indianer.

Die Karten haben teilweise andere, richtigere Bezeichnungen erhalten. So heißt der TOD hier TRANSFORMATION, der TEUFEL erscheint als VERSTRICKUNG, der EREMIT wurde zu den SUCHENDEN und so fort. Die vier ›Farben‹ heißen im Tarot der Liebe Stäbe, Scheiben, Blüten (Kelche) und Blitze (Schwerter).

In der bildhaften Deutung (sowie im dazugehörigen Textteil in der Beilagbroschüre und im Buch) werden die konstruktiven, problemlösenden Elemente und Faktoren unterstrichen. Das heißt nicht, die widrigen oder destruktiven Umstände und Kräfte zu ignorieren. Vielmehr richtet das Tarot der Liebe das Bewußtsein der FragestellerInnen auf das, was heilt, was löst, was hilft, um Herausforderungen zu überwinden und Chancen zu nutzen.

Besonders gut als ›Einsteiger-Tarot‹ geeignet, dann als spezielles Tarotdeck für Beziehungsfragen und für alle jene, die sich nicht mit den dunklen Bildern und magischen Symbolen anderer Karten belasten möchten.

RIDER-WAITE-TAROT

© U.S. Games Systems Inc.

Die HERRSCHERIN

Pamela Colman Smith gestaltete dieses ›klassische‹ Deck nach Angaben von Arthur Edward Waite. Waite, der 1942 verstarb, war ein englischer Esoteriker, Freimaurer und Kenner des Rosenkreuzer-Wesens.

Bis 1914 war er Mitglied im Golden-Dawn-Orden, dem ›Orden der goldenen Dämmerung‹, einer Gemeinschaft, die einem okkulten Geheimbund ähnelte. Auf Waites Empfehlung hin wurde 1898 Aleister Crowley in diesen Bund aufgenommen. Waite trennte sich 1903 vom Mutterorden und führte unter demselben Namen mit etlichen anderen Mitgliedern eine neue Vereinigung. Waite stand auch mit der Begründerin der Theosophie, Frau Gebhardt aus Elberfeld, in Verbindung. Er schrieb eine Reihe von Büchern über magische, okkulte und esoterische Themen.

In den Karten holzschnittartige, wenn auch eingefärbte Situationen von Menschen, die in den Zahlenkarten oft mit irgendwelchen Unbilden des Schicksals kämpfen. Die großen Arcana gehören zu den eindrucksvollsten Darstellungen mehrdeutiger Symbole und Allegorien. Die Hofkarten zeigen jeweils König, Königin, Ritter und Bube, also überwiegend männliche Figuren, die recht statisch dargestellt sind. Die vier Farben heißen bei Waite: Stäbe, Kelche, Schwerter und Münzen (Scheiben). Die beigegebenen Deutungen sind ebenso holzschnittartig in ›gut‹ und ›schlecht‹ aufgeteilt. Die Karte GERECHTIGKEIT steht beim Rider-Waite-Tarot an 11. Stelle, die Karte STÄRKE an 8.; fast alle anderen Decks haben die umgekehrte Folge.

Die Rider-Waite-Karten (sie heißen ›Rider‹ nach dem englischen Originalverlag) gibt es in einer Vielzahl von Größen und sogar mit Goldschnitt. Sie gehören zu den meistverkauften in der Welt und eignen sich für Menschen, denen es leichtfällt, hinter Negativbildern eine konstruktive Botschaft zu erkennen.

CROWLEY-TAROT

© AG Müller

Die Künstlerin Frieda Harris schuf nach Vorgaben von Aleister Crowley dieses Tarotdeck. Aleister Crowley, der eigentlich Edward Alexander Crowley hieß, war ein berühmter englischer Okkultist und aktiver Magier, der 1947 verstarb. Er war zeitweise Mitglied im Golden Dawn-Orden sowie ›Großmeister‹ des ›Orientalischen Templerordens‹ (›OTO‹).

Crowley experimentierte mit teils ihn selbst erschreckenden Resultaten mit Magie und formulierte den Leitspruch: »An die Menschen! Tue, was du willst, soll das ganze Gesetz sein. Da mein Amtsantritt auf Erden… gekommen war, nahm ich – weil an der Reihe – die Sünde der ganzen Welt auf mich, auf daß die ganze Menschheit den nächsten Schritt tun kann von der Magischen Formel des Osiris zu der des Horus… Gegeben… durch mich To mega Therion 666 – Logos Ainos Thelema.«

Seine ungeheure Energie – Kritiker meinen, seine dämonische Ader (er hat sich selbst als ›das Tier‹ bezeichnet) – spiegelt sich in der besonders dynamischen Gestaltung der Tarotkarten, die seinen Namen tragen. Darin gibt es übrigens drei Karten mit dem Magier, nicht nur eine. Eine Erklärung dafür ist, daß Crowley mit verschiedenen Entwürfen nicht ganz zufrieden war und deshalb drei entstanden, von denen er aber nur einen (welchen?) zum Druck freigegeben habe. Die andere Erklärung lautet, daß ein Magier der ›weißmagische‹, ein zweiter der ›schwarzmagische‹ und ein dritter der ›befreite‹ Magier sei. In den Hofkarten finden wir Ritter, Königin, Prinz und Prinzessin, also eine ausgewogene Vertretung von männlichen und weiblichen Personen.

Auf den Crowley-Karten sind außer den Hauptbildinhalten astrologische und kabbalistische Zeichen und Symbole zu sehen sowie Worte, die als Kurzdeutung gelten. Die meisten dieser Worte sind negativ besetzt.

Die Crowley-Karten eignen sich für Menschen, die ihre Tarotdeutungen mehr aus der intuitiven esoterischen Dynamik heraus gestalten wollen als durch nüchterne Überlegungen.

MARSEILLE-TAROT

Die Herrscherin

Dieses Deck gilt als das älteste bekannte nachgewiesene Tarotkartenset. Es handelt sich um grobe Holzschnitte, die flächig coloriert sind und recht starr wirken. Die Zahlenkarten geben keine individuellen Bildhinweise auf die Natur der jeweiligen Karten, sondern wiederholen die entsprechende Anzahl der Stäbe, Schwerter und so weiter.

Es ist ›das‹ klassische Tarotdeck, aber leider für uns Menschen von heute etwas rigide und irgendwie leblos.

Diese Karten sind etwas für Liebhaber, die gern ein zweites, drittes oder viertes Deck haben und gelegentlich zu den urtümlichen mittelalterlichen Bildern zurückkehren wollen.

Sallie Nichols hervorragendes Buch ›Die Psychologie des

Tarot‹ (Ansata Verlag, Interlaken; im Original heißt es ›Jung und Tarot‹) baut auf dem Marseille-Tarot auf. Sie macht darin auf verblüffende Parallelen der archetypischen Darstellungen in diesen Karten mit der Jungschen Psychologie und mit Darstellungen in der Kunst aufmerksam.

Das Marseille-Tarot gibt es inzwischen in mehreren Versionen, die sich vor allem durch die Colorierung etwas voneinander unterscheiden.

TAROT DER WEISEN FRAUEN

Die Kaiserin
III

© 1990 AG Müller

Dieses moderne Deck kommt aus England. Es ist in Zusammenarbeit von dem Schriftsteller Howard Rodway, der Künstlerin Sylvia Gainsford, die Mitglied in der ›Fellowship of Isis‹ ist, und sieben modernen ›Hexen‹ entstanden, die ebenfalls fast alle aus Großbritannien stammen. Sie machen auf den Unterschied zwischen ›Hexenkunst‹ und ›schwarzer Magie‹ oder ›Satanismus‹ ausdrücklich aufmerksam mit den Worten: »Sie (die Hexenkunst) ist eine wohltätige, naturverbundene Religion und Philosophie, die darauf abzielt, die Lebensqualität zu verbessern.«

Die Karte 7 heißt hier MEISTERSCHAFT, die 9 DER WEISE, die 12 DER EINSAME, die 13 DAS ENDE, 14 FÜHRUNG, 15 DIE VERSUCHUNG,

18 ILLUSION und 20 KARMA. Bei den Hofkarten gibt es König und Königin sowie Ritter und Page. Die Kelche heißen hier Kessel und die Scheiben Pentagramme.

Das Tarot der weisen Frauen ist farblich besonders ansprechend und von der Darstellung der Figuren ungewöhnlich einfühlsam gestaltet. Die Natur und ihre Kräfte spielen auf allen Karten eine herausgehobene Rolle, die Menschen sind in ›höfischem Jugendstil‹ gezeichnet, falls es das gäbe.

Dieses Deck kann man getrost jederfrau und jedermann als Erst- oder Zweitdeck empfehlen!

MOTHERPEACE TAROT –
TAROT FÜR FRAUEN

III

Die Herrscherin

Dieses kreisrunde Tarot kommt aus Kalifornien, wo es 1981 von zwei Frauen, Karen Vogel und Vicki Noble, in der ausgehenden ›Flower Power-‹ und Hippiephase als feministische Antwort auf die meisten männerorientierten Tarotdecks entworfen wurde. Die Bilder sehen aus wie alternative naive Malerei, voller primitiv-schamanistischer Motive, in Ausführung und Ausdruck eher grob. Sie strahlen eine ganz eigentümliche Kraft aus. Nicht nur weißhäutige Gestalten tauchen hier auf, sondern das ganze Spektrum der Weltbevölkerung von weiß, braun, gelb, schwarz bis hin zu rot taucht auf.

In der deutschen Ausgabe heißen die 22 Karten der großen Arcana:

DIE NÄRRIN – DIE MAGIERIN – DIE HOHEPRIESTERIN – DIE HERR-SCHERIN – DER HERRSCHER – DER HIEROPHANT – DIE LIEBENDEN – DER WAGEN – DIE GERECHTIGKEIT – DIE ALTE – DAS GLÜCKS-RAD – DIE STÄRKE – DIE GEHÄNGTE – DER TOD – DIE AUSGEWOGEN-HEIT – DER TEUFEL – DER TURM – DER STERN – DER MOND – DIE SONNE – DAS GERICHT – DIE WELT.

Die Hofkarten heißen: Sohn – Tochter – Priesterin – Schamanin.

Das runde Motherpeace-Tarot ist ein besonderes Tarotspiel, nicht für jederfrau. Manche werden es heiß und innig lieben, andere nichts damit anfangen können oder es vielleicht sogar vehement ablehnen. Es ist etwas zu groß, um wirklich handlich zu sein, eignet sich also weniger als ›Alltags-Tarot‹, sondern mehr zu ganz besonderen Gelegenheiten. Schauen Sie es sich einmal an.

Zum Schluß möchte ich noch auf zwei weitere Decks hinweisen, die nur aus den 22 Karten der großen Arcana bestehen. Der bekannte Mythenforscher, Astrologe und Tarotbuchautor Bernd A. Mertz hat darauf hingewiesen, daß, wer eine Auslegung nicht mit 22 Karten deuten kann, es auch nicht mit 78 könne. Zumindest für AnfängerInnen scheint es sinnvoll, zunächst einmal nur mit den Karten der großen Arcana zu legen, dann später die 16 Hof- oder Personenkarten dazuzunehmen, und erst später alle 78 zu verwenden.

ANSATA-TAROT

© 1981 Ansata-Verlag

Zum Buch ›Astrologie und Tarot‹ hat Bernd A. Mertz von Paul Struck ein Deck mit den 22 großen Arcana entwerfen lassen. Strucks Bilder sind keine harmonisch-glatten Karten, sondern ›gebrochen‹ und ›beunruhigend‹ sowie voller hintergründiger Motive. Auf diesen Karten finden sich auch die neudefinierten astrologischen Zuordnungen. Dieses Deck ist für AnfängerInnen und für zartbesaitete Menschen weniger geeignet. Es ist auch ohne Buch erhältlich.

DER ÄGYPTISCHE TAROT

Ebenfalls entworfen nach den Angaben von Bernd A. Mertz und von einer ungarischen Künstlerin gezeichnet. Diese Karten bestechen durch ihre Klarheit, Authentizität und Aussagekraft. Sie sind harmonisch und sensibel zugleich. Durch die Beschränkung auf drei ›Farben‹, nämlich weiß, schwarz und gold, strahlen diese Karten etwas Archetypisches aus. Tatsächlich hatte Bernd A. Mertz alle wichtigen Symbole des Tarots in Tempeln und Pyramiden in Ägypten entdecken können und sie von der Künstlerin in ihren Urformen nachzeichnen lassen.

Die Karten heißen: DER UNEINGEWEIHTE – DER MAGIER – DIE HOHEPRIESTERIN – DIE PHARAONIN – DER PHARAO – DER HOHEPRIE-

STER – DIE ZWEI WEGE – DER WAGEN DES OSIRIS – DIE GEWISSENS-
WAAGE – DER EINSIEDLER – SPHINX – DIE KRAFT – DER HÄNGENDE
(eben nicht der ›Gehängte‹!) – DIE SCHWELLE (nicht der Tod!)
– DIE ZWEI URNEN – DÄMON – DER TURM – DER GAMISCHE STERN –
DER MOND – DIE SONNE – DIE AUFERSTEHUNG (nicht das ›Ge-
richt‹!) – DAS ALL.

BUCHHINWEISE

Bernd A. Mertz/Paul Struck, Astrologie und Tarot. Ansata Verlag, Interlaken 1981

Bernd A. Mertz, Karma im Tarot – Das persönliche Schicksal aus den Tarotkarten erkennen. Ansata Verlag, Interlaken 1988

Julia Onken, Feuerzeichenfrau. Beck Verlag, München 1993

Gaby Pörner, Küß dich wach, Prinzessin. Peter Erd Verlag, München 1993

Sabine Reichel, Frustriert, halbiert und atemlos. Piper Verlag, München, Zürich 1993

Wulfing von Rohr, Meditation – Kraft aus der Mitte. Goldmann Verlag, 2. Aufl., München 1993

Wulfing von Rohr, Es steht geschrieben – Leben zwischen Schicksal und Zufall, zwischen Karma und Chaos. Ariston Verlag, Genf 1994

Anne Wilson Schaef, Nimm dir Zeit für dich selbst. Heyne Verlag, München 1992

Gayan Sylvie Winter und Wulfing von Rohr, Tarot der Liebe – Mit den neuen Karten für positive Lösungen in Liebe, Ehe, Geschäftspartnerschaft und Freundschaft. Ariston Verlag, 2. Aufl., Genf, München 1989

Gayan Sylvie Winter, Die neuen Priesterinnen – Gespräche mit Heilerinnen und spirituellen Pionierinnen. Reihe Transformation im Rowohlt Verlag, Reinbek 1990

Gayan Sylvie Winter, Die erwachende Göttin – Wege zu sich selbst. New Age-Reihe im Goldmann Verlag, München 1989

Ein Tarot-Videolehrkurs von Gayan Sylvie Winter und Wulfing von Rohr ist im Bauer Verlag, Freiburg, erschienen. Er ist wie die Kassetten von G. S. Winter in guten Buchhandlungen in der Esoterikabteilung oder in esoterischen Fachbuchhandlungen erhältlich.

Von Gayan Sylvie Winter sind Übungen zur Tiefenentspannung und zur Meditation erschienen, auf CD und als Kassette, unter dem Titel ›Mystische Reisen‹ im Bauer Verlag, Freiburg 1993, ›Vision Quest‹ im Connection Verlag, Niedertaufkirchen 1993, und als neueste Produktion der Titel ›Meditation‹ in der Edition Einklang von Ariola-Miller, Quickborn 1994.

WORKSHOPS –
PERSÖNLICHE BERATUNG

Gayan Sylvie Winter gibt Einzelreadings und hält Workshops zum Thema ›Intuitives Tarot‹. Sie bietet in der Schweiz eine jährliche Frauengruppe an. Gayan nimmt Menschen in kleinen Gruppen zweimal im Jahr auf ›mystische Reisen‹ und Meditationen in Natur und Wildnis mit, im amerikanischen Südwesten und in Europa.

Bitte alle Anfragen zu »Mystic Journeys« in den USA über:

- Sphinx Workshops Basel, Postfach 629, CH-4003 Basel, Tel. (061) 731-2324, Telefax 731-2325

Die jährliche Frauengruppe heißt: »Spirituelle Lebensschulung für Frauen« Information bei der Buchhandlung im Licht Oberdorfstr. 28 CH-8024 Zürich, Tel. 01-252 6868, Telefax 01-252 6860

Unter beiden Anschriften sind persönliche Beratungen möglich.

Wulfing von Rohr hält Astrologie- und Meditationsseminare und informiert über die Meditation mit dem inneren Licht und Ton. Kontakt über

- Posivita Buchhandlung Zürich, Rotbuchstr. 16, CH-8033 Zürich, Tel. (01) 3 62 30 40, Telefax 3 62 30 39

- Rota Seminare, Leni Pohlmann, Eckener Weg 3, D-40764 Langenfeld, Tel. (0 21 73) 7 35 35, Telefax 8 25 34 (nur Meditationsseminare)

- Wrage Seminare, Schlüterstr. 4, D-20146 Hamburg, Tel. (0 40) 45 52 40, Telefax 44 24 69

HEYNE BÜCHER

Von der Kraft des Mondes

Anna-Maria Bauer
Das Heyne-Mondjahrbuch 1998
Natürlich leben im Rhythmus der Natur
08/5145

01/9803

Erich Bauer
Barbara Conrad
Das Mondphasen-Kochbuch
Gesunde Ernährung im Einklang mit dem Mond
07/4690

Johanna Paungger
Thomas Poppe
Vom richtigen Zeitpunkt
Die Anwendung des Mond-kalenders im täglichen Leben
01/9803

Christina Zacker
Die Monddiät
Schlank und schön im Einklang mit dem Mondjahr
08/5036

Christina Zacker
Mondphasen
Der Einfluß des Mondes auf den Lebensrhythmus der Frau
08/5047

Christina Zacker
Das persönliche Mondhoroskop
Mondphasen und Tierkreiszeichen
08/5155

Heyne-Taschenbücher

Das
Celestine
Phänomen

Bücher, die die Kraft
haben, unser Leben
zu verändern

08/9670

Heyne-Taschenbücher

Shakti Gawain

08/9698

Heyne-Taschenbücher